Preuschoff

Von Sechs bis Neun

Gisela Preuschoff

Von Sechs bis Neun

Alltag mit Schulkindern

Illustrationen
von Stefan Siegert

PapyRossa Verlag

Sechste, überarbeitete und erweiterte Auflage

Umschlag: Lux siebenzwo/Willi Hölzel, Köln
unter Verwendung einer Zeichnung von Stefan Siegert
Herstellung: Interpress

Die Deutsche Bibliothek - CIP-Einheitsaufnahme
Preuschoff, Gisela:
Von sechs bis neun : Alltag mit Schulkindern / Gisela Preuschoff. Ill. von Stefan Siegert. - 5., überarb. und erw. Aufl. - Köln: PapyRossa-Verl., 1995
ISBN 3-89438-023-3

Inhalt

Vorwort 9

Schule - eine Institution rückt in die Familie 12
Ist die Schule wirklich so wichtig? 13
Welche Schule ist die beste? Welche Schule für unser Kind? 15
Was heißt eigentlich schulreif? 19
Was ist ein Schulreifetest? 20
Auf Antrag einschulen? 21
Wenn Eltern berufstätig sind... 22
Vorbereitung auf die Schule 28
Was sollten Eltern mit ihren Kindern vor Schulanfang üben? 30
Schultüte - Zuckertüte 33
Ein Platz zum Lernen 37
Der Schulranzen - tabu für Eltern? 41

Schule - Eintritt ins oder Austritt aus dem Leben? 43
Jetzt wird alles anders? Über den Ernst des Lebens 43
Muß Lernen immer Spaß machen? 44
Nicht für die Schule, sondern für das Leben lernen wir... 47
Hausaufgaben - sinnvoll machen? 48

Ernährung des Schulkindes 55

Lehrer - Eltern - Schüler 58
Die Angst des Lehrers vor den Eltern 59
Die Angst der Eltern vor den Lehrern 61
Wenn Eltern Probleme haben 62

Die Angst des Schülers vor Lehrern und Eltern 64
Das Gespräch mit dem Lehrer. Was? Wie?
Wann? Wozu? 66
Eltern, Lehrer, Schüler -
gemeinsam für eine Schule ohne Aussonderung 69
Elternvertreter 71

Zusammenleben mit Schulkindern -
Konflikte im Alltag 73
Taschengeld 74
Mithelfen im Haushalt? 77
Wann ins Bett? 80
Fernsehkonflikte 83
Kleidung 85
Spielzeug, das Eltern nicht mögen
und Kinder haben wollen 87
Langeweile 88

Was tut das Kind am Nachmittag? 90
Interessen wecken - Neigungen fördern 90
Kinder und Politik 94
Kinder auf der Straße -
Die Zeit der Banden und Gruppen 99
Alte und neue Freunde 100
Warum Spielen noch so wichtig ist 102
Medienkindheit - oder das Ende der Kindheit? 103
Bücher für Sechs- bis Neunjährige 106
Kassetten und CDs 111
Kinderzeitungen und Illustrierte 113
Fernsehen und Video 116
Computer 121
Brieffreunde 123

Problemkinder in der Schule -
Problemkinder zu Hause 124
Unselbständigkeit 125
Unkonzentriertheit 126
Bettnässen 130
Schulangst 130
Klauen 131
Beratungsstellen - Therapeuten 132

Unser Körper - Liebe, Sexualität, Aufklärung 133
Immer diese Ausdrücke! 133
Sexualkundeunterricht 135
Sexueller Mißbrauch 140

Spielzeug für Schulkinder 144
»Spielzeug« 145
Wichtiger als Spielzeug -
ein Bastelregal oder sortierter Abfall 148
Regelspiele 152
Spiele, die man selber machen kann 153
Spiele, die man kaufen kann 155

Wenn's unbedingt sein muß!
So macht das Üben Spaß 157
Mathematik im 1. Schuljahr 157
2. Schuljahr 162
3. und 4. Schuljahr 163
Lesen 165
Schreiben und Rechtschreiben 169

Literatur zum Weiterlesen 176

Vorwort

Immer mehr Kinder leiden an der Schule, werden krank oder nehmen sich sogar das Leben. Mußte erst eine »Aktion humane Schule« ins Leben gerufen werden, um deutlich zu machen, daß es an unseren Schulen unmenschlich zugehen kann?

Ich selber war zuerst Lehrerin, dann Mutter und dann beides. Als ich nur Lehrerin war, hatte ich bestimmte Vorstellungen von Erziehung und Unterricht und hielt sie für die einzig richtigen. Inzwischen habe ich viel gelernt - auch von Kindern, aber nicht nur - und finde, das ist das Beste, was man als Lehrerin tun kann. Ich kenne Schule seit 1975, und wenn sich auch manches verändert hat und ich vieles mit anderen Augen sehe, so bin ich doch von einem Grundsatz überzeugter denn je: SCHLECHTE SCHÜLER GIBT ES NICHT.

Dies ist nicht nur der – sicherlich provokative – Titel eines meiner Lieblingsbücher, das von Iris Mann stammt, sondern auch meine Grundhaltung zu allen Fragen, die Schüler und Schule betreffen. Natürlich gibt es immer wieder Schüler, mit denen Lehrer nicht klarkommen und ich weiß aus eigener Erfahrung, daß ich zu manchen Schülern einfach keinen Draht bekam und mich »mit meinem Latein am Ende« fühlte. Dennoch bin ich fest davon überzeugt, daß sich alle Lern- und Verhaltensprobleme lösen ließen, wenn wir die geeigneten Bedingungen dafür herstellen könnten. Ich weiß auch sehr gut, daß viele Lehrer wegen zu großer Klassen und zu vieler Unterrichtsstunden einfach überfordert sind, und ich habe mich selber oft genug als Gefangene eines perversen Systems gefühlt: Solange die Schule vor allem der Anpassung an ein von Sparmaßnahmen geprägtes System der Aussonderung dient, kann sie nur schwer kindgerecht oder entwicklungsfördernd sein. Im Schulalltag zeigt sich zu oft, daß die Hochbegabten und Besonderen durch das Sieb fallen, daß Kinder mit Handicaps und Problemen auf der Strecke bleiben. Wenn in überfüllten Klassen mit überalterten, gestreßten Lehrern die Individualität der Kinder zu wenig Beachtung finden kann, fallen alle, die sich nicht anpassen wollen oder können, durch die Maschen.

Unser Schulsystem ist in vieler Hinsicht veraltet und verknöchert und ist stiefmütterlich behandelt worden. Arbeitszeitverkürzung und Weiterbildung wären nur eine von vielen Möglichkeiten, grundlegende Veränderungen herbeizuführen. Es dürfte nicht mehr vorkommen, daß 28 Kinder in einer Klasse alle die gleichen Aufgaben im gleichen Tempo rechnen sollen, daß alle in die gleichen langweiligen Bücher schauen oder alle einen Aufsatz zum schönsten Ferienerlebnis schreiben müssen

Eine wirklich gute Schule wäre für mich auch eine, in der Kinder, die aus verschiedensten Gründen nicht der Norm entsprechen, gemeinsam mit anderen lernen dürften und dabei von genügend Lehrpersonal unterstützt würden.

Über all das haben Schulreformer wie Peter Struck oder Hartmut von Hentig wegweisende Bücher geschrieben, die Perspektiven aufzeigen, von denen heutige Schulkinder meistens nur träumen dürfen. Gerade deshalb möchte ich immer wieder darauf hinweisen, daß es sich lohnt, nicht zu allem ja zu sagen, was in Schulen geschieht, und vor allem jene Lehrerinnen und Lehrer zu unterstützen, die oft einsam neue Wege zu beschreiten versuchen.

Seit ich als Therapeutin arbeite, konnte ich meine Perspektive erweitern. Ich sehe Hilflosigkeit und Überforderung bei Kindern, Eltern und LehrerInnen, entdecke die verzweifelte Suche nach Lösungen und auch die Kreativität, mit der sie gefunden werden. Ich spüre die Notwendigkeit, Pausen einzulegen und sich jeden Tag auf das zu besinnen, was wirklich wichtig ist. In dem Maße, in dem alle Beteiligten zu natürlichen Rhythmen zurückfinden und sich für die Natur und Umwelt engagieren, werden Lebendigkeit und Ruhe wieder Raum greifen. Die Aufmerksamkeit für natürliche Zusammenhänge hilft, Stärke und Kraft zu finden, gemeinsame Ziele und Sinn zu entdecken. Statt Papier würde man Erde verwenden, statt Kopf mehr Herz. Das mag eine Vereinfachung sein. Wer jedoch Kindern von heute Aufmerksamkeit schenkt, wird genau jenen fundamentalen Mangel an Erdverbundenheit, Handlungsbezogenheit und Herzlichkeit entdecken, der in Familien und Schulen so viel Belastung stiftet.

Konservative Bildungspolitiker reden gern von verlorengegangenen Werten. Tatsächlich bestehen heute unterschiedliche Werte nebeneinander, und ich meine, daß es Kindern vor allem an Vorbildern aus der Erwachsenenwelt fehlt, an Menschen, die ihre Meinung vertreten, ohne andere zu missionieren, und die es auch wagen, gegen den Strom zu schwimmen. Wo immer es jedoch solche Menschen gibt, finden sie Bewunderer und Nachahmer. Die erste Lehrerin Ihres Kindes wird nachhaltigen Einfluß auf dessen kleine Persönlichkeit ausüben. James Baldwin hat das wunderbar ausgedrückt, als er sagte: »Kinder konnten Älteren noch nie besonders gut zuhören, aber sie haben es sich nie entgehen lassen, sie nachzuahmen.«

Ich denke noch sehr gern an eine Lehrerin zurück, die mich nachhaltig beeinflußt hat und die ich bis heute nicht vergesse.

Und ich bin den LehrerInnen meiner Kinder an der Uckermarkschule in Berlin-Schöneberg bis heute sehr dankbar für ihre herausragende Arbeit mit behinderten und nichtbehinderten Kindern aus vielen Ländern.

Ich hoffe, daß ich Ihnen mit diesem Buch ein paar Anregungen für das Leben mit Schulkindern geben kann. Diese Anregungen können so ähnlich aufgefaßt werden wie eine Landkarte. Die Landkarte kann Ihnen helfen, sich nicht zu verlaufen. Hinreisen müssen Sie schon selbst.

Gisela Preuschoff

Schule - eine Institution rückt in die Familie

Bisher war Ihr Privatleben Ihr Privatleben. Das wird jetzt anders: Hatte die Oma oder die Kindergärtnerin an Ihrem Kind etwas auszusetzen, konnten Sie das besprechen, dazu Stellung nehmen, Vorschläge erarbeiten. Wenn Ihnen in Zukunft die Lehrerin etwas über Ihr Kind sagen wird, können Sie zwar auch gemeinsam darüber reden und gemeinsam darüber nachdenken, aber es wird ein Urteil gefällt werden. Zum ersten Mal wird Ihr Kind beurteilt werden, schriftlich und unveränderbar, es wird eine Akte bekommen und Zeugnisse mit Zahlen, die über sein Leben entscheiden können.

Das ist etwas Neues. Und es macht viel Angst. Zu Recht. Schon Tausende von Kindern haben sich das Leben genommen - wegen der Schule.

Ist die Schule wirklich so wichtig?

Ich finde nicht. Kennen Sie nicht die Beispiele berühmter Persönlichkeiten, die schlechte Schüler waren? Ist es nicht furchtbar, daß es in manchen Familien nur noch ein Gesprächsthema gibt - und das ist die Schule? Kommt es denn nicht darauf an, glückliche und kreative Kinder zu erziehen - anstatt guter Schüler?

Soll ich nicht lieber in der Bürgerinitiative mitmachen und mich über die Alternativen zur Atomenergie informieren, statt zum Mathelehrer zu rennen und zu fragen, warum mein Sohn ausreichend steht? Es gibt Wichtigeres im Leben als die Schule. Ich erinnere mich an meine Deutschlehrerin. Sie hat Brecht mit uns gelesen und Max Frisch. Sie hat uns zum Nachdenken gebracht und Spuren hinterlassen - bis heute. Und von vielen Lehrerinnen ist sie die einzige, an die ich mich erinnere, der ich dankbar bin. Obwohl ich ihre Worte vergessen habe, klingen sie bis heute nach.

Schule ist wichtig. Ich denke an die Alphabetisierungskampagne in Kuba, an die Jugendlichen, die in abgelegene Dörfer gingen, um den Bauern Lesen und Schreiben beizubringen.

Schule ist wichtig. Ich denke an Afrikas Kinder, die oft nur mit einem Bleistift und wenig Papier auf dem Lehmfußboden hocken, gierig nach Wissen.

Wissen ist Macht - oder? Nein! Ich habe einen Freund, der hat lange studiert und dann noch eine Doktorarbeit geschrieben. Er fährt jetzt Taxis. Für sein Wissen interessiert sich niemand. Und er ist völlig machtlos.

Wissen ist Macht? Geld ist mächtiger. Es bestimmt doch, wer Geld hat, egal, wieviel er weiß. Wer der richtigen Partei angehört, kann es weit bringen. Wissen ist dabei eher hinderlich. Oder?

Aber was wäre die Friedensbewegung gewesen ohne die, die ihr Wissen weitergaben? Was wüßten wir über Atomkraftwerke ohne die, die uns schon immer davor gewarnt haben? Wie sähen Kindergärten und Schulen heute aus, wenn nicht Menschen ihr Wissen für die Interessen der Kinder eingesetzt hätten?

Ja, Wissen ist Macht. Macht zur Veränderung. Macht zur Aneignung einer Kultur, Macht zur Entscheidung, auf welche Seite ich mich stellen will.

Und auch Kreativität, Vorstellungskraft und flexibles Denken werden heute dringend gebraucht, um Lösungen für die Probleme zu finden, die sich häufen. Gruppenarbeit, Lernen im Team und bessere Methoden, miteinander konstruktiv umzugehen, Ideen zu entwickeln und Konflikte zu lösen, werden gefragte Fähigkeiten sein.

Weil die wenigsten Familien in der Lage sein werden, diese Fähigkeiten zu vermitteln oder zu fördern, kommt der öffentlichen Erziehung eine immer größere Bedeutung zu.

Schule ist wichtig und unersetzbar, wenn sie ein Ort wird, an dem gemeinsam und für das Leben und für die Zukunft gelernt wird.

Welche Schule ist die beste? Welche Schule für unser Kind?

Die Schule gleich um die Ecke möchte ich sagen. Die Schule, die man bequem zu Fuß errreichen kann. Die Schule, wo Nachbars Kinder auch hingehen, die Schule, die da steht, wo ich wohne, wo ich spiele - kurz: die Schule, zu der ich gehöre.

Aber da bleibt mir das Wort schon im Halse stecken: Kann mein Kind überhaupt zu dieser Schule gehen? Wenn es als körperbehindert oder lernbehindert abtaxiert wurde, schon mal nicht. Da spielt der Wohnbezirk auf einmal keine Rolle mehr. Da werden dann Schulbusse eingesetzt, um die aussortierten Kinder in alle Himmelsrichtungen zu fahren und sie in Sonderschulen unter Sonderbedingungen zu unterrichten.

Aber mein Kind ist »ganz normal«, soll es denn überhaupt auf diese Schule gehen? Ihr Ruf ist doch so schlecht.

Die Sache mit dem Ruf ist interessant und wirklich erforschenswert. Ich kenne eine Mutter, die ihre Kinder zu einer Privatschule bringt, weil in der Schule um die Ecke im Religionsunterricht Micky-Maus-Filme gezeigt werden: »Und überhaupt . . . das Niveau«.

Ich kenne die Schule meiner Kinder, die ich »gut« finde, und weiß, daß sie den Ruf hat, an ihr lerne man »nichts«. Ich weiß auch, daß sie diesen Ruf nur bei bestimmten Eltern hat, die die Qualität einer Schule am Umfang der Hausaufgaben messen. Ich kenne eine andere Schule sehr gut, die viele Eltern deswegen wählen, weil sie »türkenfrei« und »nicht antiautoritär« ist.

Die Erwartungen, die Eltern an eine Schule stellen, sind höchst unterschiedlich. Der »Ruf« einer Schule ist daher mehr als fragwürdig -, und Eltern sollten wirklich gut prüfen, ob der lange Schulweg und das Geld, das eine Privatschule kostet, sich wirklich lohnen. Prüfen bedeutet die Schule - gemeinsam mit dem Kind - anschauen, mit dem Schulleiter sprechen und - falls das möglich ist - in einer Klasse hospitieren.

Die Verunsicherung der Eltern heute im Hinblick auf die Schule ihrer Kinder ist nur allzu verständlich. Wenn die Zukunft der Heranwachsenden dunkel ist, dann wollen Eltern alles tun, was sie von sich aus tun können, um für ihr Kind das Beste herauszuholen. Das ist wenig genug.

Viele Flüsse sind schon tot, der Wald stirbt, die Arbeitslosigkeit ist groß - sind da gute Abiturnoten nicht sinnvoll? O doch. Es geht nur um den Preis. Den sollten sich Eltern genau überlegen.

Ein Kind, das leidet und seine Lebensfreude verloren hat, wird wenig von seinen guten Zensuren haben. Ein Kind, das sich mit Nachhilfeunterricht von Klasse zu Klasse schleppt, kostet seine Eltern nicht nur Geld, sondern auch Nerven, Schlaf und Glück.

Mir wäre dieser Preis zu hoch. Ich würde meine Kinder immer unterstützen, sie aber nie schleppen oder ziehen. Laufen müssen sie selbst.

Deshalb ist eine gute Schule für mich eine, die meine Kinder anregt, Neues zu lernen, mit Eifer zu erforschen, mit Lust zu üben. Eine gute Schule ist für mich außerdem eine Schule, in der Kinder nicht diskriminiert, nicht erniedrigt, nicht entmutigt und nicht um ihr Selbstbewußtsein gebracht werden. Eine gute Schule ist für mich eine Schule, in der Lehrer und Schüler voneinander lernen und sich nicht gegenseitig bestrafen. Eine gute Schule ist für mich eine Schule, in der alle Kinder teilnehmen dürfen an der Aneignung des in der Gesellschaft vorhandenen Wissens. Deshalb müßte eine gute Schule räumlich und personell so ausgestattet sein, wie es dem Reichtum der Gesellschaft entspricht. Ich habe eine solche Schule noch nicht gesehen.

Und was ich auch noch nicht gesehen habe, ist Scham: Scham bei Bildungspolitikern, Kindern und Eltern das zuzumuten: Gebäude, die nur alle 15 Jahre renoviert werden, veraltete Geräte und Medien, fehlende Fachräume, Abstellkammern, die als Klassenzimmer herhalten müssen, schlecht ausgebildete

Lehrer, die schon jahrelang keine Fortbildung mehr besucht haben. Scham über eine Schule, in der Aussonderung groß- und Förderung kleingeschrieben wird.

Wo Eltern und Lehrer nicht nur Scham, sondern auch Wut und Mut befällt, gibt es allerorten hoffnungsvolle Ansätze. Versuche und Ideen, bei denen Eltern und Lehrer sich gemeinsam für die Interessen der Kinder einsetzen, werden immer auch Früchte tragen.

Die Schule meiner Kinder, »die Schule um die Ecke«, wurde seit Jahren nicht renoviert und hat längst nicht die Ausstattung, die möglich wäre, wenn Gelder im Interesse der Bevölkerung verteilt würden. Doch schon beim Betreten spürt man, daß in den alten Gemäuern ein neuer Geist lebt: Man sieht es an Fotos, die zeigen, daß sich behinderte und nichtbehinderte Kinder gegenseitig helfen, daß Zeit ist für die intensive Förderung einzelner, daß Platz ist für Spaß und Spiel, für persönliche Neigungen und viele, viele Ideen. Man sieht es an den ausgestellten Arbeiten der Kinder, daß Fehler erlaubt sind, daß alle gemeinsam Enormes leisten können, daß Lernen Spaß macht und daß es viel zu entdecken gibt. Daß diese Schule so geworden ist - eine Schule ohne Aussonderung -, liegt an dem ungeheuren gemeinsamen Einsatz einiger engagierter Eltern und Lehrer.

Im zermürbenden Kleinkrieg mit den Behörden gibt es oft nur neue Steine im Weg. Wäre es nicht viel angebrachter, Ideenreichtum und Engagement zu unterstützen und großzügig zu fördern?

Ich weiß nicht, ob meine Kinder jemals ihr Abitur machen werden. Diese Frage ist für mich auch nebensächlich. Ich weiß aber, daß sie gern lesen, schreiben und rechnen und mit vielen Ideen und wenig Hausaufgaben nach Hause kommen. Ich weiß, daß sie sich für alles interessieren und vieles ausprobieren. Das ist mir wichtig. Fantasie und Lebensfreude werden ihnen mehr nützen als ein Abiturzeugnis.

Jede Schule hat ihren eigenen Charakter, der sehr stark durch das Kollegium, die Schulleiterin oder den Schulleiter, aber auch durch die Schüler selbst und nicht zuletzt durch die Eltern geprägt wird. Deshalb ist auch Waldorfschule nicht gleich Waldorfschule und evangelische Schule nicht gleich evangelische Schule.

Bedenken sollten Sie auch, welche Rechte Sie als Eltern der Schule gegenüber haben. Die Mitwirkungsrechte an staatlichen Schulen für Eltern sind gesetzlich geregelt. Privatschulen haben ihre eigenen Regelungen, die man sich unbedingt durchlesen sollte.

Grundsätzlich gilt, daß Schulen veränderbar sind, besonders wenn Eltern, Lehrer und Schüler sich zusammentun.

Neben staatlichen Schulen gibt es »Freie Alternativschulen« und »Schulen in freier Trägerschaft«, zu denen auch alle religiösen Schulen gehören.

Ihr zuständiges Schulamt kann Ihnen mitteilen, welche Schulen es in Ihrer Nähe gibt. Wenn Sie sich für eine Waldorfschule oder Montessori-Schule interessieren, können Sie sich an folgende Adressen wenden:

Bund Freier Waldorf-Schulen
Heidehofer Str. 32, 70184 Stuttgart
Tel 0711 210420

Deutsche Montessori-Gesellschaft
Postfach 5461, 97004 Würzburg

Bei:
Claus Dieter Kaul
Institut für ganzheitliches Lernen
Sankt Johanser Str. 66, 83707 Bad Wiessee
Tel.08022 83483 oder 83776

können LehrerInnen und Interessierte Fortbildungen in Montessori-Pädagogik machen, die ich persönlich besonders empfehlen kann.

Was heißt eigentlich schulreif?

Abstrakte Schulreife gibt es nicht. Schulreif bedeutet reif sein für ein bestimmtes, vorgegebenes Schulsystem, das Eltern nicht von heute auf morgen ändern können.

Schulpflichtig sind bei uns Kinder, die bis zum 30. Juni eines Jahres 6 Jahre alt werden. Auf Antrag können aber auch Kinder eingeschult werden, die bis zum Dezember des Jahres 6 werden.

Die Aufforderung zur Anmeldung des Kindes in der Schule wird an Litfaßsäulen angeschlagen. Sie findet gewöhnlich im Januar vor der Einschulung statt.

Wenn Eltern prüfen, ob sie ihr Kind anmelden oder zurückstellen lassen, sollten sie dabei nicht nur seine Intelligenzentwicklung, sondern seinen Gesamtzustand berücksichtigen. Ich kenne mehrere Kinder, die von ihren Eltern als besonders intelligent eingestuft, von der Schule aber nach wenigen Jahren als totale Versager abgestempelt wurden. Ich zweifele nicht an der Intelligenz dieser Kinder. Nur haben die Eltern übersehen, daß in der Schule Intelligenz nur eine von mehreren verlangten Voraussetzungen ist.

Die Hauptschwierigkeit für Kinder besteht meiner Meinung darin, sich anzupassen an das Zusammenleben und -lernen in einer großen, oft viel zu großen Gruppe, an das Übersehenwerden und Gehorchenmüssen, an das Befolgen von Anweisungen auch gegen den eigenen Willen. Schulreif bedeutet nicht, zu einer bestimmten Intelligenzleistung fähig zu sein, sondern bereit zu sein, sich auf die schulischen Bedingungen einzulassen.

Zwar wird in der Schule das Denken entwickelt, aber es wird auch in bestimmte Bahnen gelenkt, beschnitten und eingeschränkt. Gerade originelle Kinder mit ungewöhnlichen Ideen und Gedankengängen, verschlossene Kinder mit enormen verborgenen Begabungen gehen an der Disziplin und Ordnung der Schule manchmal zugrunde.

Wenn Sie Zweifel an der Schulreife Ihres Kindes haben, sollten Sie sich mit speziell ausgebildeten Leuten besprechen. Das kann eine Vorklassenleiterin, eine erfahrene Kindergärtnerin, eine Grundschullehrerin oder Schulärztin sein. Sollten diese Ihnen von der Einschulung abraten und Ihnen empfehlen, Ihr Kind zurückstellen zu lassen, würde ich diesen Rat annehmen. Gerade der Start in die Schule stellt entscheidende Weichen. Ein Kind, das sich schon im ersten Schuljahr überfordert fühlt, wird dieses Gefühl nur sehr schwer wieder los, auch wenn es seinen »Wissensrückstand« längst aufgeholt hat. Ein Kind, das ein Jahr länger Zeit hat zu »reifen«, d.h. sich in einer anregenden Umgebung zu entwickeln und Erfahrungen zu machen, wird den schulischen Anforderungen leichter mit der notwendigen Gelassenheit begegnen und sie besser erfüllen.

Schließlich ist es doch auch egal, ob das Kind die Schule ein Jahr früher oder später verläßt: Einen Ausbildungsplatz wird es ja eher aufgrund seines Zeugnisses als aufgrund seines Alters bekommen.

Ein Argument wäre noch, daß Schule kostenlos, Kindergarten aber oft teuer ist. Nur: Die Folgen eines vorhersehbaren Schulversagens kosten die Eltern ganz sicher mehr Geld als ein Jahr Kindergarten.

In fast allen Bundesländern werden schulpflichtige, aber zurückgestellte Kinder in besonderen Vorschulen auf die spätere Einschulung vorbereitet. Diese Maßnahme ist in jedem Fall sinnvoll, weil sie die Kinder auf das vorbereitet, was sie erwarten wird.

Was ist ein Schulreifetest?

Als körperliche Merkmale der Schulreife werden bei uns Zahnausfall und Ohrgreiftest (ob das Kind mit der linken Hand über den Kopf sein rechtes Ohr erreichen kann) betrachtet. Diese Anzeichen einer bestimmten körperlichen Entwicklung können aber nicht als einziges Kriterium gelten.

Die von Psychologen entwickelten speziellen Schulreifetests liefern Momentaufnahmen, sie können ebensowenig alleiniger Maßstab sein. Dabei werden Fähigkeiten wie genaue Beobachtungsgabe, Konzentrationsfähigkeit, Umweltwissen (Begriffsbildung) und Ausdrucksvermögen in Sprache und Bild (malen) abgeprüft. Ich halte diese Tests insofern nicht für völlig sinnlos, als ein Kind, das hier versagt, d. h. nicht die für die Schulreife erforderliche Punktzahl erhält, auch in der Schule versagen wird - wo ja auch z. T. sinnlose Anforderungen gestellt werden.

Kein Test kann das Urteil einer erfahrenen Vorklassenleiterin oder Grundschullehrerin ersetzen, die das Kind seit längerer Zeit kennt und daher viel eher richtig einschätzen kann.

Eltern sollten sich ihres eigenen Urteils nicht zu sicher sein: Bezüglich der eigenen Kinder ist jeder in gewisser Weise blind, neigt also dazu, sein Kind entweder zu kritisch oder zu mild zu beurteilen, über allzu bekannte Schwächen oder Stärken hinwegzusehen. Eltern haben ja auch nicht den Vergleich mit der Menge der anderen gleichaltrigen Kinder, der aber unbedingt notwendig ist. Der Vergleich der Kinder miteinander ist jedoch in der Schule (leider) eine vielgeübte Praxis.

Auf Antrag einschulen?

Ich selber tendiere dazu, Kinder so spät wie möglich einschulen zu lassen, also schon gar nicht auf Antrag. Ich halte sehr viel davon, Kindern möglichst früh möglichst viel beizubringen, doch ist die jetzige Grundschule dafür denkbar ungeeignet. In einer kleinen Gruppe, in der vielfältige Angebote gemacht werden, haben Kinder mehr Gelegenheit zum Erkunden und Erkennen als in dem allzu genormten Schulalltag, in dem oft nur auffällige Kinder Beachtung finden. Es ist wahr, das Kind lernt so zwar später Lesen und Schreiben, ein guter Kindergarten ist wohl auch teurer als die Schule - ich denke aber, daß ein Kind, das mit Lust und Neugier in die Schule kommt, jedes Kind, das voll Angst und Hemmungen seinen Tag absitzt, überflügeln wird.

Unser ältester Sohn wurde aufgrund seines Geburtstages im Juli erst mit sieben eingeschult und bewältigte alle schulischen Anforderungen mit links.

Steve Biddulph, der auch in Deutschland durch seine Bücher bekannte australische Familientherapeut, empfiehlt Eltern, ihre Söhne generell erst mit sieben einzuschulen, weil Jungen im Alter von sechs Jahren verglichen mit gleichaltrigen Mädchen in ihrer Entwicklung sechs bis zwölf Monate zurück sind (vgl. Biddulph, S.77).

Es ist völlig unverständlich, daß Ministerien, wie z.B. in Schleswig Holstein, Eltern zwingen, ihre gerade Sechsjährigen einzuschulen, und sich der bisher üblichen kinderärztlichen Empfehlung auf Zurückstellung widersetzen.

Manchen Mädchen dagegen kann es durchaus guttun, auf Antrag eingeschult zu werden, und ich habe in meiner Praxis öfter erlebt, daß diese Mädchen es schafften.

Wenn Eltern berufstätig sind...

Der Schuleintritt wird von vielen Eltern so ernst genommen, daß sie überlegen, ob nicht ein Elternteil - und das ist meistens die Mutter - die Berufstätigkeit aufgeben und für das Kind dasein muß. Natürlich haben diese Überlegungen eine gewisse Berechtigung: Der Stundenplan ist im ersten Schuljahr noch nicht sehr umfangreich und das Kind nur wenige Stunden „außer Haus". Nicht selten fällt Unterricht aus, oder es gibt überraschend hitzefrei. Wo soll das Kind dann hin? Und außerdem: Müssen nicht die Hausaufgaben überwacht, der Ranzen kontrolliert und die Sprechstunden der Lehrerin wahrgenommen werden? Muß man das Kind nicht gerade jetzt stärken, fördern und beschützen?

Aber: Ist das Kind mit 6 oder 7 Jahren nicht wirklich groß genug, einen Teil seines Alltags selbständig zu gestalten? Fördert nicht die ständige Anwesenheit der Mutter gerade eine Dauerabhängigkeit bei Hausaufgaben und im sonstigen Leben?

Ich kann Ihnen die Beantwortung dieser Fragen nicht abnehmen. Ich möchte auch vor zu schnellen Pauschalurteilen warnen. Ganz sicher ist der Schuleintritt für einige - gerade jüngere Kinder eine Belastung, und ganz sicher finden es alle Kinder schön, nach einem anstrengenden Schultag liebevoll empfangen zu werden und irgendwo entspannen zu können, aber muß das gerade zu Hause sein? Ich denke, es kommt darauf an, seinem Kind - soweit möglich - günstige Bedingungen zu schaffen, diese sind aber keineswegs an die Aufgabe der Berufstätigkeit geknüpft.

Dies ist natürlich viel leichter gesagt als getan, denn weder Schulverhältnisse noch Hortbedingungen sind - verglichen mit Ländern wie Dänemark oder auch Schweden - vorbildlich. Bei uns muß jede Familie eigene Erfahrungen machen, die sehr unterschiedlich sein können (und auch von regionalen Verhältnissen abhängen). Außerdem können zwei verschiedene Wege trotzdem gleich gut sein. Ich möchte allen berufstätigen Eltern das schlechte Gewissen nehmen, ohne jene zu verdammen, die ihre Berufstätigkeit ganz oder teilweise aufgeben. Wir behüten unsere Kinder, so gut es geht. Aber wachsen sie nicht auch an schmerzlichen Erfahrungen?

Im folgenden will ich auf die Betreuungsmöglichkeiten für Schulkinder eingehen.

Eltern helfen sich gegenseitig

Wenn Eltern sich gegenseitig in der vor- und nachschulischen Betreuung helfen können, ist das sicherlich eine gute und schnelle Lösung des Problems: Ich nehme dein Kind morgens ab sieben Uhr, du meins ab halb zwölf . . . Diese so einfach aussehende Lösung scheitert nach meinen Erfahrungen öfter an der Unzuverlässigkeit der Eltern und an den wechselnden Sympathien der Kinder. Mit dem Busenfreund von heute wollen sie morgen nichts mehr zu tun haben.

Der Hort

Vielen städtischen Kindergärten sind Kinderhorte angeschlossen, die jüngere Schulkinder vor und nach der Schule betreuen. Da sie auf die Wohngebiete der Kinder bezogen sind, besuchen oft mehrere Kinder einer Schulklasse denselben Hort, so daß sie ihre Schularbeiten gemeinsam anfertigen und den Schulweg gemeinsam bewältigen können. Dies ist zweifellos ein großer Vorteil. Nachteilig wirkt sich manchmal aus, daß die Kinder nach einem anstrengenden Tag in der Schule im Hort keine Ruhe finden, vielleicht von größeren Schülern geärgert werden und ihre Hausaufgaben nicht ungestört erledigen können. Das Engagement der Erzieher, ihr Einfallsreichtum und ihre Unternehmungen können einen Hort jedoch gerade auch für Einzelkinder sehr attraktiv machen. Deshalb sollten sich Eltern den infrage kommenden Hort vorher ansehen, mit den Erziehern sprechen und besonders das Kriterium der Ruhe nicht außer acht lassen.

Schülerläden

Als Fortsetzung der Kinderläden wurden an vielen Orten Schülerläden von engagierten Eltern gegründet, die die Möglichkeit hatten, Zeit und Geld in so ein Projekt zu investieren. Für Eltern, deren Kind bereits in einen Kinderladen geht, ist die Fortführung der Gruppe als Hortgruppe daher eine einfache und bequeme Lösung. Andererseits haben neu hinzukommende Eltern oft Gelegenheit, einen Platz im Schülerladen zu bekommen, weil immer wieder Kinder abgemeldet werden (erheblich mehr als im Kindergartenalter). Da die Schülerläden in ihrer Ausgestaltung und vom Erziehungsstil her stark von den Eltern mitbestimmt werden, finden Kinder hier oft eine Geborgenheit, die der zu Hause ähnelt, dazu die Vorteile, die das Zusammensein mit Gleichaltrigen bringt: nie Langeweile, viel Spaß und Aktivität. Aber auch Zank, Auseinandersetzung, Unruhe. Ein anderer Nachteil ist, daß Schülerläden vergleichsweise teuer sind und den Eltern eine Menge Mitarbeit abverlangt wird.

Schlüsselkinder

Meine Kinder wollten lieber Schlüsselkinder sein, als sich in das Getümmel eines Hortes zu begeben. Und das ist wohl auch der einzige, aber nicht zu unterschätzende Vorteil der Schlüsselkinder (abgesehen von den Kosten): Sie haben es ruhig, können über ihre Zeit selbst verfügen und müssen sich mit niemandem auseinandersetzen. Die Nachteile liegen auch auf der Hand: Die Kinder könnten den Schlüssel verlieren und sich zu einsam fühlen, außerdem sind sie Gefahren ausgesetzt, die sich aus der Nicht-Beaufsichtigung ergeben. Empfehlen würde ich die Lösung also nur für sehr verantwortliche Kinder, die in einem Haus mit netten Nachbarn wohnen (an die sie sich in Notfällen wenden können), und wenn die Zeit, in der die Kinder allein sind, nicht zu lang ist (maximal zwei Stunden).

Ganze Halbtagsschulen und betreute Grundschulen

Darunter versteht man Schulen, in denen die Kinder in der Woche täglich von 7 bis 13 oder 14 Uhr anwesend sein können. Eine solche Schule ermöglicht es nicht nur, daß Mütter oder Väter eine halbe Stelle wahrnehmen, sondern bietet gerade auch für schwierige Kinder individuelle Betreuungs- und Fördermöglichkeiten. So kann es z.B. von 8 bis 9 Förderunterricht oder AGs geben, ab 12 Uhr Hausaufgabenbetreuung, Mittagessen oder Koch-AG, Spielangebote, Musik etc. In den Betreuungszeiten können Eltern, ErzieherInnen, Sozial-, Spiel-, Theater und MusikpädagogInnen und PraktikantInnen aktiv sein. Die ganze Halbtagsschule bietet außerdem durch das Zusammenwirken von Eltern, FreizeitpädagogInnen und LehrerInnen hervorragende Möglichkeiten, neue Ideen umzusetzen und für ein gutes Schulklima zu sorgen.

Die ganze Halbtagsschule ist ein guter Beweis dafür, daß Eltern und Öffentlichkeit etwas bewegen können: Vor wenigen Jahren erst im Gespräch, ist diese Schulform jetzt schon in vielen Städten Realität geworden. In Flensburg z.B. werden hierfür arbeitslose Erzieherinnen und nicht in diesem Beruf ausgebildete, aber interessierte Menschen von dem Verein »Betreute Grundschule« eingesetzt.

Ganztagsschulen

Die Ganztagsschule erscheint vielen berufstätigen Eltern als ideale Lösung. Doch möchte ich auch hier vor Pauschalurteilen warnen. Daß eine Schule ganztägig geöffnet hat, sagt allein noch nichts über Qualität von Unterricht und Erziehung aus. Es kann vorkommen, daß sich tausend Schüler in einem unübersichtlichen Gebäude mit fest verschlossenen Fenstern (Klimaanlage) drängeln müssen, und es ist nicht gerade erholsam

WER WIRD DENN GLEICH ANGST VOR DER SCHULE HABEN?

für Kinder, vor- und nachmittags im gleichen Gebäude untergebracht (oder eingepfercht?) zu sein.

Aber urteilen Sie selbst! Die Alternative zu solchen Ganztagsschulen heißt nicht keine Ganztagsschule, sondern eine gute. Eine, die auf die Kinder als Individuen eingeht, Möglichkeiten zum Rückzug und zu vielfältiger Aktivität bietet und personell gut ausgestattet ist. Eine Schule mit Garten zum Beispiel und mit Küche, in der frisch gekocht wird. Wenn Sie so eine Schule gefunden haben, kann ich Ihnen nur gratulieren und hoffen, daß sie nicht zu teuer ist.

Vorbereitung auf die Schule

Irgendwann rückt der erste Schultag heran. Vielleicht haben Sie die Lehrerin oder den Lehrer Ihres Kindes schon kennengelernt und einiges über die Arbeit im ersten Schuljahr erfahren. Vielleicht hat Ihr Kind von seiner künftigen Lehrerin sogar einen Brief erhalten, in dem es begrüßt wird. Vielleicht wissen Sie aber noch gar nichts und befinden sich in banger Erwartung: Was wird die Schule bringen? Wie wird die Lehrerin sein? Wie wird sich mein Kind in der Schule benehmen? Wird es mitkommen? Wird es sich behaupten können?

Natürlich ist alles einfacher, wenn das Kind mit seiner Kindergartengruppe oder wenigstens ein, zwei guten Freunden gemeinsam eingeschult wird. Aber nicht immer kann man sich das aussuchen.

Ganz sicher ist jedoch, daß Sie Ihre Freude oder Angst auf Ihr Kind übertragen. Wer sich nicht verkneifen kann, Sätze zu produzieren wie »Na warte, wenn du erst mal in die Schule kommst!« oder »Wenn du dich so in der Schule benimmst - das kann ja was werden!«, verstärkt die Angst in seinem Kind. Wer lauthals über die katastrophalen Niederlagen anderer Kinder in der Schule erzählt, belastet auch sein eigenes Kind mit einer unnötig negativen Einstellung, die wie eine sich selbst erfüllende Prophezeiung - du wirst in der Schule versagen - wirkt. So auf die Schule vorbereitet, braucht man schon übernatürlich viel Selbstbewußtsein, um noch ein guter Schüler zu werden.

Auch unausgesprochene Ängste werden von Kindern sehr sensibel wahrgenommen. Deshalb wäre es gut, daß Sie selber - indem Sie Informationen über die Schule einholen und mit anderen Eltern Kontakt aufnehmen - Ihre Ängste loswerden oder sie zumindest auf ein natürliches Maß herabsetzen, bevor Sie dasselbe von Ihrem Kind erwarten.

Eltern, die ihre Freude über den neuen Lebensabschnitt zum Ausdruck bringen und zeigen, daß sie stolz auf ihr Schulkind sind, daß Lernen Spaß macht und nützlich ist, werden diese Freude auf ihr Kind übertragen und es neugierig machen auf die neue Situation. Der Kauf eines Schulranzens und der heißbegehrten Federtasche gemeinsam mit dem Kind kann einiges dazu beitragen. Wer einen Teddy oder eine Puppe hat, ist natürlich heilfroh, wenn Teddy auch zur Schule kommt und einen kleinen Schulranzen bekommt. Winzig kleine Hefte und Bleistiftstummel oder eine Tafel, Magnetbuchstaben und Zahlen, die am Kühlschrank haften, regen zu Spielen an, die helfen, eingebildete, befürchtete oder erhoffte Schulsituationen schon mal vorwegzunehmen und durchzuprobieren.

Es gibt auch eine Reihe Bilderbücher, die Kindern den Schritt ins Schulleben erleichtern sollen. Mir hat besonders das kleine Buch »Nur Mut, Willie Wiberg« gefallen, das nicht sehr teuer ist und - zum Lachen.

Lachen sollte man angesichts der Schule überhaupt so oft wie möglich. Wenn Lehrer, Eltern und Kinder das Lachen nicht verlernen, hat die Schulzeit schon gut angefangen.

Bücher zur Einschulung und Vorbereitung darauf
(falls ohne Verlagsangabe, nur noch in Bibliotheken zu haben)
Gunilla Bergström, Nur Mut, Willi Wiberg
Erhard Dietl, Die Olchis fliegen in die Schule
Sabine Jörg/Ingrid Kellner, Der Ernst des Lebens, Thienemann Verlag, Stuttgart
Astrid Lindgren/Ilon Wikland, Ich will auch in die Schule gehen, Verlag Friedrich Oetinger, Hamburg
Margret Rettich, Jan und Julia in der Schule, Verlag Friedrich Oetinger, Hamburg

Was sollten Eltern mit ihren Kindern vor Schulanfang üben?

Nur zwei Dinge: erstens den Schulweg - auch wenn das Kind in der ersten Zeit noch gebracht wird - und gewisse »Überlebenstechniken« für Notfälle: 30 Pfennig oder Telefonkarte zum Telefonieren (üben!) und einige wichtige Telefonnummern; zweitens das selbständige An- und Ausziehen sämtlicher Kleidungsstücke.

Während das erste Überlebenstechniken sind, die Ihr Kind unbedingt beherrschen muß, um sicher zur Schule zu kommen (dazu gehört, an welcher Stelle es die Straße sicher überqueren kann; wie die Haltestelle heißt, falls es mit öffentlichen Verkehrsmitteln fährt; ob es die Schultür allein öffnen kann; an wen es sich wenden darf, wenn es Hilfe braucht; wie man ein öffentliches Telefon benutzt etc.), sind das zweite eher Überlebenstechniken zur Entlastung der Lehrerin: Es ist wirklich stressig, wenn nach der Turnstunde 16 Kinder bitten: Kannst du mir mal 'ne Schleife machen? Und sieben heulen: Ich krieg meinen Reißverschluß nicht zu! Unabhängig davon, daß Ihr Kind das An- und Ausziehen täglich übt, wird es Ihnen die

Turnlehrerin danken, wenn Sie Ihrem Kind an dem Tag, an dem Turnen auf dem Stundenplan steht, nicht gerade ein Hemd mit 14 Knöpfen, eine Hose mit klemmendem Reißverschluß und Schuhe mit einer komplizierten Schnürtechnik anempfehlen.

Auf keinen Fall sollten Sie mit Ihrem Kind Buchstaben, Zahlen oder andere Unterrichtsinhalte üben, wenn die Lehrerin Sie nicht ausdrücklich darum gebeten hat. Ganz sicher haben Sie eine andere Methode als die Lehrerin und verwirren das Kind auf diese Weise mehr, als Sie ihm nützen.

Noch etwas zur Kleidung: Die meisten Eltern kleiden ihre Kinder zum Schulanfang neu ein, und das hat sicher seine Berechtigung. Es gibt Kinder, die wegen ihres »Äußeren« in der

Schule sehr viel zu leiden haben. Ich weiß aus Erfahrung, daß es nicht wenige Lehrer gibt, die sich durch das entzückende Äußere eines Kindes zu Ungerechtigkeiten verführen lassen. Und leider gibt es auch immer noch Kinder, die andere wegen ihrer »komischen« Klamotten hänseln: Das können je nach Klasse besonders schicke oder besonders ärmliche oder einfach ungewöhnliche Kleidungsstücke sein. Hänseleien sind immer eine Frage des Klimas in der Klasse, das zunächst hauptsächlich durch die Schüler, später mehr und mehr durch die Lehrer bestimmt wird. Ein geschickter Lehrer kann solche Erscheinungen schnell unter Kontrolle bekommen. Deshalb sollten Sie, wenn Sie Derartiges bemerken, Ihre Lehrerin darauf ansprechen.

Wichtig finde ich, daß Sie Ihrem Kind keine Kleidung aufzwingen, die es nicht mag. Sie wissen von sich selbst, wieviel Wohlbefinden von Kleidung ausgehen kann, die einem gefällt. Die Torturen eines Schulvormittages sind nicht zu unterschätzen, und Sie können gewiß sein, daß Ihr Kind Ihnen nur einen kleinen Teil seiner Pein schildern kann, wenn es davon überhaupt etwas sagt. Sich in seiner Haut wohl zu fühlen, ist aber eine ganz wichtige Voraussetzung für das Selbstbewußtsein, das für das Lernen so unersetzlich ist.

Akzeptieren Sie, wenn Ihr Sohn einen bestimmten Pullover nicht mehr tragen mag, weil es angeblich ein Mädchenpullover ist. Natürlich können sie ihm Ihre Meinung dazu sagen, ihm vielleicht die Geschichte von dem Mädchen erzählen, das sein Fahrrad immer wieder anders strich, wenn jemand etwas daran zu meckern hatte ... (Ursula Wölfel, Die Geschichte vom grünen Fahrrad, aus: 28 Lachgeschichten, Hoch-Verlag, Düsseldorf. Köstlich auch: Eva Erickson, Stefans neueJacke, Verlag Friedrich Oetinger, Hamburg). Aber: Um wieder Mut zu fassen, braucht Ihr Kind erst mal Zeit - und die sollten Sie ihm gönnen.

Unser ältester Sohn war in bezug auf seine Kleidung stets sehr empfindlich. Seine Garderobe mußte unauffällig sein und möglichst aus gebrauchten und bewährten Sachen bestehen. Er prüfte genau, was die meisten Jungen seiner Klasse trugen, und erst dann wagte er sich auch in kurze Hosen, Jogging-Anzüge u. ä. Ihr Kind besteht vielleicht auf Rosa am ganzen Körper, einer kunstvollen Frisur o. ä. Die Orientierung an der Gruppe ist in diesem Alter normal und wichtig. Und wenn es nicht mit enormen Kosten verbunden ist, sollten Sie diese Wünsche Ihres Kindes akzeptieren.

Apropos Kosten: Es muß noch etwas über das Material gesagt werden, das Sie für Ihr Kind besorgen müssen. Wenn die Lehrerin dies nicht selbst besorgt (ich halte es allerdings für gut, wenn sie es tut), achten Sie bitte unbedingt auf Qualität: Es bringt Lehrer und Kinder zur Verzweiflung, wenn die Schere nicht richtig schneidet, der Tuschkasten nicht richtig malt und die Buntstifte ständig abbrechen. Kinder brauchen unbedingt gutes Werkzeug. Die Billigangebote, die die Kaufhäuser zum Schulanfang auf den Markt werfen, sind nach meinen Erfahrungen meistens unbrauchbar.

Schultüte - Zuckertüte?

Das Geld für eine Schultüte können Sie sparen, wenn sie sich Pappe besorgen und sie zu einer Tüte drehen, deren oberes breites Ende gerade abgeschnitten wird. Ein Verschluß aus Kreppapier oder Tüll und ringsum Goldfolie oder Tonpapier, mit Punkten oder Lieblingsfiguren des Kindes, machen die Tüte zu einem ganz persönlichen Geschenk. Vielleicht hat Ihr Kind auch Lust, sich selbst zu malen und dieses ausgeschnittene Kind auf die Tüte zu kleben.

Ich weiß nicht, seit wann es Schultüten gibt und wer zuerst auf die Idee gekommen ist, Kindern den Eintritt ins Schulleben zu versüßen. Es muß jemand gewesen sein, der Schule als

etwas Unangenehmes und Lästiges empfand, der meinte, die erste Pflichterfüllung mit einem Bestechungsgeschenk verzukkern zu müssen. Vielleicht war es auch einfach nur ein Süßwarenfabrikant. Wie dem auch sei, die Tüte ist Tradition, Brauchtum, und ich bin dafür, es zu pflegen. Dabei sind allerdings Zuckerprodukte, die dem Körper die Nervennahrung Vitamin B entziehen, ungeeignete Geschenke zum Schuleintritt.

Über kleine schulbezogene Geschenke wie Kreide (zum Tafel- und Pflasterbemalen), Magnetbuchstaben und -zahlen, schöne Buntstifte, kleine Blöcke, Notizbücher, Adressenregister, Kamm und Spiegel, Zopfspangen, Aufkleber u. ä. freut sich Ihr Kind wahrscheinlich ebenso. Für Süßschnäbel gibt es ungezuckerte süße Sachen, nach denen Sie sich in Bio-Läden oder Reformhäusern umsehen können. Mit etwas Zeit und Mühe können Sie das eine oder andere auch selber herstellen.

Honigsüßes für die Schultüte

Gleich aufessen oder aufheben? Ein schwieriges Problem für einen ABC-Schützen . . .
Damit die kleinen selbstgemachten Überraschungen dieser Frage standhalten: einzeln in Cellophanpapier verpacken und mit farbigen Bändchen zuschnüren.

Lesebuch zum Aufessen

Große Backoblaten (gibt's im Kaufhaus) zurechtschneiden. Mit Lebensmittelfarben bemalen. Die fertigen Blätter lochen und mit einem Lakritzefaden zusammenbinden.

Marzipan-Münzen

250 g geschälte Mandeln,

125 g Honig,
knapp 2 EL Rosenwasser (aus der Apotheke),
100 g Korinthen.

Die Mandeln im Mixer oder in der Mandelmühle ganz fein zerkleinern. Das Rosenwasser und den Honig dazugeben und gründlich verkneten. Zu einer Rolle formen, in 1 cm dicke Räder schneiden und mit den Korinthen belegen. Zugedeckt im Kühlschrank über Nacht ruhen lassen.

Zwergen-Schulhaus und Knabber-ABC

Zutaten für den Grundteig:

125 g weiche Butter,
125 g flüssiger Honig,
1 TL abgeriebene Zitronenschale,
1 Prise Salz,
1 Ei (Gelb und Weiß getrennt),
1 EL Milch,
150 g Weizenvollkornmehl.

Die Butter schaumig rühren und die übrigen Zutaten der Reihenfolge nach unterrühren. Die Teigmenge halbieren und getrennt weiterverarbeiten. Für das Zwergenschulhaus Teigmenge nochmals halbieren, einen gehäuften EL Schokoladenpulver unter die eine Hälfte kneten. Vor der Weiterverarbeitung beide Teigmengen 30 Min. kühlstellen. Anschließend 1 cm dick ausrollen. Mit einem Messer Dach (dunkler Teig) und Hauswand (heller Teig) ausschneiden. Dach mit etwas Eiweiß aufkleben und festdrücken. Auf ein gefettetes Blech legen. Für das Knabber-ABC etwa 3 EL Milch zum Teig geben. Er soll recht weich sein. 30 Minuten ruhen lassen. Mit der Gebäckspritze (nicht zu kleine Tülle) Buchstaben auf das Backblech spritzen. Beide Gebäcksorten gleichzeitig bei 200 Grad auf der mittleren Leiste des Backofens hellgelb backen (ca. 15 Min.).

Ein Platz zum Lernen

Ich weiß nicht, wieviel Hausaufgaben Ihr Kind aufbekommen wird. In Berlin gibt es eine Empfehlung, wonach im ersten Schuljahr die Hausaufgaben 15 Minuten, im 2. Schuljahr 30 Minuten und im 3. Schuljahr 45 Minuten nicht überschreiten sollen. Unabhängig davon sollte sich Ihr Kind an einen Platz gewöhnen, an dem es malen, rechnen und schreiben kann.

Noch vor kurzem hätte ich Ihnen zur Anschaffung eines Schreibtisches geraten. Nachdem ich aber von einer Krankengymnastin und verschiedenen Orthopäden gehört habe, daß das Sitzen auf Stühlen am Tisch für die Körperhaltung der Kinder eher schädlich als nützlich ist, kann ich Ihnen das nicht mehr empfehlen.

Als wir neulich eine Familie besuchten, die für Eltern und Kinder jene neuartigen Balance-Stühle angeschafft hat, bei denen man die Knie auf Polster stützt und keine Rückenlehne hat, wurde ich nicht nur in meiner Ansicht über die Schädlichkeit normaler Stühle unterstützt, sondern auch an meine Kindheit erinnert, in der ich - zum Leidwesen meiner Eltern - meine Schularbeiten stets im Knien vor dem Bett oder auf dem Fußboden anfertigte.

Kürzlich zeigte mir eine Mutter die beiden Schreibhefte ihrer Söhne: Der Ältere, in der dritten Klasse, hatte eine unregelmäßige Schrift und erhielt von seiner Lehrerin jeden Tag schriftliche Bemerkungen unter die Hausaufgaben, sie seien nicht sorgfältig genug angefertigt, was ich für sehr übertrieben hielt. Der jüngere Bruder dagegen hatte eine äußerst gleichmäßige und schöne Schrift. Die Mutter versicherte mir, daß der ältere seine Hausaufgaben stets am Schreibtisch anfertige, während der Jüngere sich oft auf den Boden lege oder im Knien arbeite.

Inzwischen haben einige Schulen in Zusammenarbeit mit der AOK Sitzbälle eingeführt und erprobt. Sitzbälle, die jedem Schüler individuell übereignet werden, beugen nicht nur Haltungsschäden vor, sondern fördern die Konzentration und

falsch

richtiger

innere Balance. Wer auf einem Ball sitzt, muß aufmerksam sein. Kippeln und Umfallen geht nicht.

Ich habe als Lehrerin immer wieder beobachtet, daß einige Kinder von Natur aus sehr schön schreiben, während andere einfach keine regelmäßige Schrift zustande bringen. Für mich ist das Ausdruck des Charakters eines jeden Kindes, den man akzeptieren sollte, obwohl sich mit äußerstem disziplinarischen Druck sicherlich gewisse Verbesserungen erreichen ließen.

Auf keinen Fall hängt die Schrift jedoch mit dem Arbeitsplatz zusammen - die innere Ruhe und Sammlungsfähigkeit ist viel entscheidender. Wieviel sinnlose Energie Lehrer gerade im ersten Schuljahr aufbringen, um die Kinder zum ruhigen Sitzen auf ihren Stühlen anzuhalten, wird auch schon von den Nikitins beklagt. Sportpädagogen empören sich ebenfalls darüber, aber wohl noch nicht laut genug.

Wenn ich also dafür plädiere, Ihrem Kind in der Wohnung einen Platz zuzugestehen, dann meine ich damit einen Ort, an dem es ungestört von Geschwistern und Eltern, auch von Radio und Fernseher, in Ruhe die Arbeiten erledigen kann, die es erledigen will oder muß. Ich denke, daß Ruhe hier das Entscheidende ist: Konzentration erfordert Ruhe, und erst wenn es äußerlich ruhig ist, kann sich auch die viel wichtigere innere Ruhe einstellen. Ich glaube, daß es an dieser Kostbarkeit den meisten unserer Kinder mangelt. Neben Verkehrs- und Fluglärm, neben Lärm aus Radio, Fernseher und Kassettenrekorder ist es auch der tägliche Lärm einer Schulklasse (den man nicht unterschätzen sollte!), der täglich auf die Kinder einprasselt.

Nach meinen eigenen Erfahrungen sind Konzentrationsstörungen das Problem Nr. 1 in der Schule. Sicherlich sind nicht alle Konzentrationsstörungen auf Reizüberflutung zurückzuführen, der Unterricht selbst, die methodische Aufarbeitung des Stoffes sowie die Inhalte spielen auch eine bedeutende Rolle. Dennoch ist es auffällig, daß es in der Schule kaum noch Kinder gibt, die eine längere Geschichte ruhig anhören können, die sich über einen längeren Zeitraum hinweg mit einer Sache konzentriert beschäftigen können. Ich denke, daß Ruhe hier ein erster Schritt in Richtung Konzentration ist und daß es hektischen Familien guttut, sich gemeinsam mit ihren Kindern auf Techniken der Meditation, auf Yoga oder autogenes Training zu besinnen.

Kürzlich las ich in einem Bericht über neue japanische Architektur, daß dort versucht wird, die Wohnungen oder Häuser, abgeschirmt gegen Großstadtlärm z. B. durch kleine Fenster und viel Oberlicht, wieder zu Stätten der Ruhe und Konzentration zu machen. Die bildlosen Wände im Innern wirken durch Licht und Farbe. Seitdem läßt mich der Gedanke nicht mehr los, daß viele unserer althergebrachten Gewohnheiten und Einrichtungen überdenkenswert sind. Ein Schreibtisch mit Drehstuhl und Lampe ist gewiß nicht das, was ein Kind unbedingt zum Lernen braucht.

Der Schulranzen - tabu für Eltern?

Ich kenne Mütter, die erwartungsvoll am Schultor stehen und, kaum daß der Sprößling in Sicht kommt, sich auf die Schulmappe stürzen. »Was habt ihr gemacht? Was habt ihr auf?« Ja, ich kenne die anderen auch, denen die Schule scheißegal ist. Ich finde beides schlimm.

Ann-Kathrin - so berichtete mir mein Sohn - ließ ihre Mutter nur in die Schultasche gucken, wenn diese dafür eine Mark bezahlte. Unverschämt, oder? Vielleicht auch witzig.

Ich interessierte mich brennend für das, was meine Kinder in der Schule machten - schon deshalb, weil ich es für meinen eigenen Unterricht gebrauchen konnte. Ich denke dennoch, daß man beizeiten anfangen sollte, den Kindern einen Intimbereich zuzugestehen, und die Schulmappe gehört für mich dazu.

Ich bitte meine Söhne, mir ihre Ordner und Hefte zu zeigen, was sie so lange gern tun, als ich mir kritische Bemerkungen verkneifen kann. Ab und zu hole ich mir die Erlaubnis, die Schultaschen zu inspizieren, und gelegentlich schlage ich meinen Söhnen vor, ihre Schulsachen auszukippen und neu zu ordnen.

Prinzipiell bin ich der Meinung, daß schulische Dinge zwischen Lehrer und Schüler geregelt werden müssen und Eltern erst in dem Augenblick eingreifen sollten, in dem die Lehrerin darum bittet. Das übertriebene Reglementieren und Kontrollieren mancher Eltern führt zu extremer Unselbständigkeit und Abhängigkeit.

Selbst wenn Bemerkungen wie »Susanne vergißt ständig ihre Hausaufgaben« ins Haus flattern, nehme ich die Verantwortung dafür meinem Kind nicht ab, ich gäbe ihm lediglich Hilfen an die Hand, sich künftig besser zu erinnern, z. B. indem es zu einer geeigneten Zeit in Ruhe über den vergangenen Schultag nachdenkt und so Stunde für Stunde sich ins Gedächtnis ruft.

Ebenso würde ich einem Kind, das häufig Dinge vergißt, die Techniken vermitteln, sich in Ruhe den Stundenplan des morgigen Tages vorzunehmen und sich so auf das zu konzentrieren, was morgen erwartet wird. Eltern, die für ihre Kinder die Tasche packen, erweisen ihnen einen schlechten Dienst. Das Äußerste, was ich einem »vergeßlichen« Kind anböte, ist, gemeinsam den Tascheninhalt zu überprüfen.

Sinnvoll ist auch, bestimmte Regeln für den Ersatz verbrauchter Materialien (Hefte, Bleistifte, Radiergummis, Filzer) aufzustellen. Es ist gut, wenn das Kind von selbst einen neuen Bleistift verlangt und sich rechtzeitig um Ersatzhefte kümmert.

Kurz, wer hinter seinem Kind steht, ohne für es zu handeln und ohne ihm Pflichten abzunehmen, muß die Lasten der Unselbständigkeit nicht fürchten.

Noch etwas zum Material: Im Ersetzen von Verbrauchtem bin ich immer großzügig, weil ich aus Erfahrung weiß, wie störend es ist, wenn tagtäglich Kinder klagen: »Mein Heft ist voll!« oder »Mein Filzer malt nicht mehr!« oder »Wer hat mal ein Blatt für mich?«. Auch möchte ich, daß meine Kinder ihren Klassenkameraden ohne Skrupel abgeben können und nicht fürchten müssen, daß ihre Großzügigkeit zu Hause bestraft wird.

Schule - Eintritt ins oder Austritt aus dem Leben?

Jetzt wird alles anders? Über den Ernst des Lebens

Den Spruch »Jetzt beginnt der Ernst des Lebens« hat ihr Kind bestimmt auch schon hören müssen. Und allein die Zuckertüte drückt ja schon aus, daß es einiges zu versüßen gilt: den Ernst des Lebens.

Was wird eigentlich anders? Nun ja - erstens besteht die Schulpflicht. Jetzt können Sie nicht mehr verreisen, wie Sie wollen, und wenn Ihr Kind krank wird, müssen Sie es innerhalb von drei Tagen schriftlich entschuldigen. Womöglich werden Sie dazu verdonnert, den Unterrichtsstoff mit Ihrem Kind nachzuarbeiten, und am Schuljahresende erhalten Sie die Quittung in Form eines Zeugnisses.

Und Sie glauben wohl nicht im Ernst, daß dieses Zeugnis allein Ihr Kind betrifft. Im Gegenteil, es trifft in erster Linie Sie, die Eltern.

Diese Umstände geben der Sache einen Ernst, der Ihrem Kind nicht verborgen bleiben wird. Wenn Sie jedoch prinzipiell zu ihrem Kind halten und es spüren lassen, daß Sie es - ungeachtet seiner vielleicht nicht immer gelungenen Taten und zu kritisierenden Handlungen - liebhaben, wird es sich diesen Ernst des Lebens nie so zu Herzen nehmen, daß es zu leiden beginnt (es sei denn, es habe eine/n jener grausamen Lehrerinnen oder Lehrer erwischt, auf die ich im Kapitel Probleme noch gesondert zu sprechen komme).

Schule ist zwar eine ernste und wichtige Sache, aber sie ist nicht das ganze Leben und darf also unter gar keinen Umständen das einzige Thema im Leben sein.

Muß Lernen immer Spaß machen?

Natürlich nicht. Schließlich lernt man, um zu überleben. Hätten unsere Vorfahren nicht gelernt, Werkzeuge zu gebrauchen, lebten wir immer noch wie Affen.

Lernen ist Überleben. Wer den Hauptschulabschluß nicht schafft, hat keine Chance, eine Stelle zu finden. Oder?

Wer in ein fremdes Land kommt, mit einer Sprache, die keiner versteht, bleibt Außenseiter, bis er die Sprache der Einheimischen lernt.

Wer nicht weiß, wie viele Markstücke den Wert eines bestimmten Geldscheines ausmachen, der wird immer betrogen werden.

Lernen heißt überleben. Wer begriffen hat, was Lernen für ihn selbst bedeutet, dem muß man nicht gut zureden.

Auf Kinder bezogen ist die Frage dumm: Kindern macht Lernen Spaß. Solange ihre körperlichen Bedürfnisse befriedigt

sind und sie sich satt, warm und geborgen fühlen, geben sie ihrem Drang, die Welt zu erkunden, nach, bis es Erwachsenen irgendwann gelingt, sie mit Stühlen, Klingelzeichen, Strafen, Rede- und Lachverboten oder ewigem Drohen mit Gefahren von dem Spaß abzubringen.

Die Erwachsenen behaupten, Lernen müsse nicht immer Spaß machen. Ich behaupte, sie sagen das nur, weil ihnen selbst eines Tages diese wunderbare Fähigkeit verboten worden ist. Das Baby begreift die Dinge, ertastet mit den Händen, beleckt und schmeckt seine Umgebung. Das Kleinkind schiebt und bewegt, erprobt und experimentiert, vergleicht und beginnt die Welt in Worte zu fassen. Und dann, eines glücklichen Tages, entschlüpft dem Mund des Zweijährigen das erste WARUM?

Bis hierher sind schon viele auf der Strecke geblieben. Wenn Ruhe, Ordnung, Hygiene und Beton oberstes Gebot sind, gibt der Geist auf. Und was sich noch hinüberrettet ins 6. Jahr, wird in der Schule endgültig ausgetrieben: wenn es nämlich nicht um die großartige Fähigkeit des Schreibens geht, sondern um das sinnlose Füllen von Seiten; wenn es nicht um die Teilhabe an der Kultur geht, sondern um das öde Lesen von Geschichten, die mit mir nichts zu tun haben; wenn es nicht um Erkenntnisse des täglichen Lebens, sondern um das stumpfe Schreiben von Zahlen geht, um eine gehorsame Pflichtübung.

Ja, Schule ist Pflicht. Aber mit welchem Geist die Pflicht erfüllt wird, ist in erster Linie Sache des Lehrers. Muß Lernen immer Spaß machen?

Wenn Fritz über sein totes Meerschweinchen trauert, wird er sich heute nicht auf das Einmaleins konzentrieren können. Wenn Susi an den Streit ihrer Eltern denkt, werden die Buchstaben vor ihren Augen zu tanzen anfangen. Woran denkt Timo, frage ich mich immer wieder, der beim Lesen nie weiß, wo wir sind. Ich habe das Geheimnis noch nicht ergründet.

Aber Fritz würde sich heute für den Tod interessieren. Er könnte die Geschichte seines kleinen toten Meerschweinchens aufschreiben. Später wird er das kleine Einmaleins im Fluge nachholen. Susi läse einen Text über zankende Eltern und über Eva, die allein bei ihrem Vater lebt. Was täte Timo? Ganz sicher könnte er ohne Zögern den Kamin für seine Puppenstube mittels Batterie zum Leuchten bringen. Er könnte Katrin auch erklären, wie der Stromkreis funktioniert.

Muß Lernen immer Spaß machen? Während ich darüber nachdenke, sortiert unser dreijähriger Sohn seine Gummitiere. Wieder und wieder nennt er die Namen, beim Gürteltier muß er nachfragen: »Ist das ein Nasenbär?« »Nein, das ist das Gürteltier.« Keiner hat ihm befohlen, die Tiernamen zu lernen, trotzdem nennt er sie strahlend, eins um das andere.

Wann habe ich Englisch gelernt? Erst, als ich mich in Ari Ganer verliebte und wir uns schrieben. Auf englisch natürlich.

Es ist so leicht, Kinder zum Lernen anzuregen. Ich möchte behaupten, es ist viel leichter, als ihnen ihre natürliche Neugier und Lebensfreude abzutrainieren. Die Dankbarkeit für jeden kleinen Witz, der Eifer, mit dem Neues erobert wird, und die Verführbarkeit zu immer neuer Aufmerksamkeit sind faszinierend. Neue Lernmethoden wie Superlearning müssen für Erwachsene entdeckt werden, denen jene kindliche Fähigkeit schon lange abhanden gekommen ist.

Der Satz, daß Lernen nicht immer Spaß machen muß, lenkt nur von der Unfähigkeit vieler Lehrer ab, die Freude am Lernen beim Kind zu erhalten. Es ist eine Bankrotterklärung von Pädagogen, die Gehorsam, bedingungslosen Fleiß und Anpassung höher einstufen als Verdeutlichung von Sinn, Einsicht in Zusammenhänge und Entdeckerfreude. Gibt es Kinder, die nicht mehr wissen wollen, als sie schon wissen, die nicht mehr können wollen, als sie schon können?

Ich möchte nicht behaupten, daß es Kinder gibt, die an jede Aufgabe mit Begeisterung herangehen. Natürlich gibt es immer wieder Situationen, in denen Kinder keine Lust haben. Ich möchte aber behaupten, daß die Kinder, die erfahren haben, daß Lernen Spaß macht, auch diese Aufgaben ohne Murren und Trödeln erledigen. Kinder, die eine positive Einstellung zum Lernen und Arbeiten haben, müssen ja erfahren haben, daß Lernen und Arbeiten Spaß machen. Woher sonst nähmen sie ihr Durchhaltevermögen?

Muß Lernen immer Spaß machen? Ja - unbedingt. Wenn schon Kinder keine Lust zum Lernen haben, wie soll es dann um ihr Leben und Überleben bestellt sein?

Nicht für die Schule, sondern für das Leben lernen wir...

Ein Unterricht für das Leben bedarf keiner besonderen Motivation. Wenn ich die Flachbatterien austeile und erproben lasse, wann das Glühlämpchen leuchtet, gibt es keine Disziplinprobleme. Wenn im Mathematikunterricht mit Spielgeld, das wie echtes Geld aussieht, gerechnet wird, sind alle Kinder bei der Sache. Wenn meine schwangere Kollegin nach Monaten das erwartete Baby mit in die Klasse bringt, sind alle mucksmäuschenstill und stellen interessierte Fragen. Wenn wir im Herbst Blumenzwiebeln einsetzen und im Frühling mit dem Förster durch den Wald gehen, sind alle begeistert dabei.

Es gibt eine Fülle solcher Beispiele. Längst sind sie Bestandteil der pädagogischen Forschung, und Pestalozzi, Montessori, Makarenko, Freire und Freinet sind nur wenige Namen von vielen, die für die Verbindung der Lebensumstände der Kinder mit ihren Lerngegenständen plädierten und dafür berühmt wurden, weil die praktischen Erfolge für sich selbst sprachen. Es gibt heute viele Lehrerinnen und Lehrer, die mit Leidenschaft ihrem Beispiel folgen, und ganze Schulen, die sich an ihnen orientieren.

Daneben gibt es aber noch immer jenen trockenen und lebensfremden Unterricht, der sich auf kalte Disziplin gründet und im Einpauken von nicht durchschaubaren Stoffmengen sein höchstes Ziel erblickt. Ein solcher Unterricht hat schon so manchen Schüler zum Ausstieg aus dem Lernen und sogar dem Leben motiviert.

Ich wundere mich, daß sich noch so viele Eltern die an ihren Kindern verübten Grausamkeiten gefallen lassen. Wahrscheinlich wird ihnen nur ein kleiner Teil dieses Schulalltags bekannt, und vielleicht glauben sie, das müsse so sein. Im Interesse des Kindes. Und für sein (späteres) Leben. So können sogar jene Vertreter der Angst- und Paukschule für sich in Anspruch nehmen, für das Leben zu lehren. Aber was für ein Leben? Ein Leben als Untertan und Kriechender - wovon es auch in Zeiten ohne Kaiser und Diktator noch Millionen gibt. Ein Leben, das davon ausgeht, daß es so schlecht, wie es ist, bleiben muß.

Ich erhoffe mir das Leben meiner Kinder und meiner Schüler besser. Mir kommt es nicht darauf an, daß sie jedes Wort richtig schreiben, aber daß sie den Duden benutzen können. Ich möchte weniger, daß sie mir 6 Frühblüher mit Zwiebel fehlerlos aufzählen können, als daß sie Freude und Achtung vor der Natur empfinden. Für das Leben lernen wir. Vielleicht auch für eine glücklichere Zukunft?

Hausaufgaben - sinnvoll machen?

Die Bedeutung der Hausaufgaben ist pädagogisch umstritten. Ich selber halte sie für wenig sinnvoll, weil die häuslichen Bedingungen für die Schüler sehr unterschiedich sind (bei dem einen hilft die Mutter, bei dem anderen stören kleine Geschwister und beengte Wohnverhältnisse) und weil die Kontrolle der Hausaufgaben und die damit verbundene Disziplinierung von Kindern, die sie vergessen oder grundsätzlich nicht anfertigen, enorm viel Zeit in Anspruch nimmt. Diese Zeit könnte der Lehrer weit sinnvoller für Übungen im Unterricht nutzen.

Wenn Sie das Thema Hausaufgaben auf einem Elternabend

diskutieren möchten, dann sagen Sie Ihrem Elternvertreter bzw. der Lehrerin rechtzeitig Bescheid. Die Meinung der Lehrerin müssen Sie dabei akzeptieren, solange sich die Hausaufgaben in dem gesetzlich vorgeschlagenen Zeitrahmen (rufen Sie ggf. Ihre Schulbehörde an) bewegen. Durch ehrliche Gespräche und Diskussionen läßt sich aber viel verändern, wenn auch vielleicht nicht von heute auf morgen.

Unterstützen Sie Ihr Kind in jeder Beziehung, aber verunsichern Sie es nicht, indem Sie die Hausaufgaben als »völligen Quatsch« oder »groben Unfug« abtun. Als Erwachsener müssen Sie überlegt handeln, wenn Ihnen Veränderungen wichtig erscheinen.

Nach meinen Erfahrungen halten allerdings viele Eltern Hausaufgaben für notwendig. Oft allein deshalb, damit die Kinder zu Hause eine sinnvolle Beschäftigung haben, anstatt vor dem Fernseher rumzuhängen oder auf der Straße zu toben. Hausaufgaben werden dann von den Eltern als Disziplinierungsmittel angesehen, weil sie sich selber machtlos fühlen und ihnen außer Hausaufgaben wenig sinnvolle Beschäftigungen einfallen.

In einer hellhörigen, beengten Neubauwohnung kommt den Hausaufgaben wahrscheinlich gleich neben dem Fernseher eine enorme Bedeutung zu, die sich jeder pädagogischen Diskussion entzieht. Wie dem auch sei: Wenn Ihr Kind eines Tages nach seiner Einschulung erklärt, es müsse jetzt Hausaufgaben machen, dann freuen Sie sich bitte darüber, daß es jetzt in der Lage ist, so gewichtige Arbeiten anzufertigen. Ich meine das ehrlich: Fast alle Kinder sind im ersten Schuljahr stolz auf die drei Reihen i, die sie zu schreiben haben. Lassen Sie Ihr Kind diese drei Reihen allein und in Ruhe anfertigen, an dem Platz, den Sie gemeinsam dafür bestimmt haben, und seien Sie mächtig stolz auf das, was es zustande bringt. Wenn Sie der Meinung sind, es hätte schrecklich geschmiert und gepfuscht, dann beweisen Sie Taktgefühl: Suchen Sie das schönste i heraus und erklären Sie, daß dieses aber wirklich sehr sorgfältig angefertigt und gut gelungen sei. Abfällige Bemerkungen, Vergleiche mit anderen Kindern oder gar Strafen: Das schreibst du noch mal! bringen Ihr Kind in eine Trotzhaltung, die erstens dazu führt, daß es schulische Dinge nicht mehr mit Ihnen bespricht; zweitens wird dadurch seine Lust und sein Stolz, Hausaufgaben zu erledigen, in Unlust und Resignation verwandelt, und außerdem verlernt es, die eigene Leistung angemessen einzuschätzen und zu bewerten.

Hausaufgaben werden von Lehrern gestellt und auch von Lehrern beurteilt und besprochen. Ich kann Ihnen im Interesse des häuslichen Friedens und des künftigen Lebensweges Ihres Kindes nur raten: Lassen Sie Ihr Kind seine Hausaufgaben selbständig anfertigen, und loben Sie es dafür, bzw. nehmen Sie diese Tatsache als Selbstverständlichkeit, verkneifen Sie sich Kritik und Einmischung in jeder Form!

Was tun Sie aber, wenn Ihr Kind Ihre Hilfe wünscht und Sie auffordert, sich danebenzusetzen? Was bringt Ihr Kind auf diese Idee? Ist es seine eigene Unsicherheit, die große Angst, etwas falsch zu machen, oder gar eine Anweisung der Lehrerin? Im letzteren Fall würde ich sofort um ein kurzes Gespräch bitten oder spätestens auf dem nächsten Elternabend darüber reden. (Nicht lange aufschieben!) Im Falle der eigenen Unsicherheit würde ich mein Verwundern darüber zum Ausdruck bringen, denn schließlich sind es doch seine Hausaufgaben. Sie sind überzeugt davon, daß Ihr Kind seine Aufgaben bewältigen kann, so wie Sie Ihre. »Guck mal, ich muß doch meinen Brief jetzt auch schreiben...«

Falls das nicht hilft, sollten Sie sich von Ihrem Kind kurz erklären lassen, was es zu tun hat (bitte nicht umgekehrt!). Sie können ihm die Aufgaben gar nicht erklären, weil Sie ja nicht in der Schule waren. Wenn Ihnen Ihr Kind die Aufgabe erklärt hat, sollten Sie sich erleichtert und stolz darüber zeigen, daß es also doch über das notwendige Wissen verfügt, und es recht bald wieder allein lassen.

Gesetzt den Fall, Ihr Kind hat die Aufgabe nicht verstanden und bricht nun in Tränen aus: Bitte teilen Sie dies der Lehrerin unbedingt mit (z.B. auf einem Zettel). Wie sonst soll sie merken, daß sie nicht von allen Kindern verstanden wurde? Mütter oder Väter, die jetzt anfangen, für ihre Kinder zu denken, erweisen ihnen damit einen schlechten Dienst. Erstens wird das Kind in der Tendenz bestärkt, in der Schule nicht aufzupassen, weil es ja zu Hause eh alles noch mal erklärt bekommt, zweitens werden hier früh und gravierend die Weichen gestellt für eine Unselbständigkeit, die sich später nur schwer aufheben läßt.

Wenn alle Mütter sich an diesen Grundsatz gehalten hätten, wäre der Spruch von den Hausfrauen als Hilfslehrerinnen der

Nation nicht aufgekommen. Mag sein, daß manche Hausfrau viel Befriedigung aus der Tatsache zieht, bei den Hausaufgaben unentbehrlich zu sein. Lehrer müssen die beschämende Tatsache, auf Hilfslehrerinnen angewiesen zu sein, solange erdulden, bis sich die Hausfrauen selber massiv dagegen wehren. Und vor allem: ihre Dienste verweigern.

Zumindest in der Grundschule würde eine Zettelflut: »Mein Kind konnte die Hausaufgaben leider nicht anfertigen, weil es sie nicht verstanden hat« oder »Mein Kind hat sich vergeblich um Anfertigung der Hausaufgaben bemüht. Bitte erklären Sie die Sache noch einmal« Wunder wirken und so manchen Lehrer zum Nachdenken zwingen.

Wenn Sie berufstätig sind, wird Ihnen die Zeit zur Kontrolle der Hausaufgaben noch lästiger sein. Sie sollten mit den Horterziehern dic Anfertigung der Hausaufgaben besprechen. Ich halte es für eine Überforderung der Eltern und Kinder, sich am späten Nachmittag und in der Zeit, die eigentlich für die Familie dasein sollte, noch mit Hausaufgaben abzugeben. Außerdem ist »geteiltes Leid halbes Leid«, d. h., gemeinsam mit den Kindern im Hort machen Hausaufgaben eher Spaß als allein zu Hause. Zumindest wenn es den Erziehern gelingt, für eine ruhige Arbeitsatmosphäre zu sorgen.

Wenn Ihr Kind ein »Schlüsselkind» sein muß, besprechen Sie mit ihm genau, wie es die Stunden des Alleinseins gestalten soll. Wenn Sie ihm jeden Tag einen netten Zettel schreiben oder es anrufen, fällt es noch leichter.

Wenn sich aus Ihrer Berufstätigkeit für Ihr Kind Probleme ergeben, scheuen Sie sich nicht, diese auf dem Elternabend anzusprechen. Erstens werden Sie feststellen, daß Sie nicht die einzige mit Schwierigkeiten sind, zweitens ergibt sich durch Eltern- oder Lehrerhilfe (Schularbeitszirkel, gegenseitige Betreuung) vielleicht eine Möglichkeit, auf die Sie allein gar nicht gekommen wären.

Wann sollten Hausaufgaben angefertigt werden? Den genauen Zeitpunkt bestimmen die Kinder am besten selbst. Sie finden meist von selbst heraus, welcher Zeitpunkt für sie der günstigste ist. Manchen fällt abends im Bett siedend heiß ein, daß sie noch etwas vergessen haben. Ich glaube nicht, daß es sehr schlimm ist, wenn sie das dann noch anfertigen. Schon allein, weil sie danach ruhig schlafen können. Außerdem helfen solche Paniken, am nächsten Tag alles in Ruhe und rechtzeitig zu überdenken, um den abendlichen Streß zu vermeiden.

Wenn Ihr Kind häufig zu lange, aber konzentriert an den Hausaufgaben sitzt, sollten Sie das ebenfalls mit der Lehrerin besprechen. Entweder gibt sie zuviel auf, oder Ihr Kind hat einen ungewöhnlichen Hang zur Perfektion, den Sie ihm sicherlich nicht abgewöhnen können oder sollen.

Einige Kinder benötigen deshalb so lange, weil sie sich nicht bzw. schwer konzentrieren können. Die schlechte Konzentration bei den Hausaufgaben muß nicht unbedingt eine allgemeine Konzentrationsschwäche sein. Das Kind kann z. B. die Erfahrung gemacht haben, daß Sie dann, wenn es öfter herumzappelt und mit dem Bleistift spielt, besonders häufig nach ihm sehen. Je weniger Bedeutung Sie selber den Hausaufgaben beimessen, und je selbständiger das Kind zu arbeiten gewohnt ist, desto besser wird es sich auch konzentrieren können.

Wenn sich die Situation nicht dadurch entspannen läßt, daß Sie dem Kind erklären, daß es nach den Hausaufgaben spielen kann und Sie erst wieder nach ihm sehen, wenn es fertig ist, ist vielleicht der Zeitpunkt falsch gewählt. Dann sollte das Kind vielleicht ganz aufhören und erst wieder beginnen, wenn es glaubt, dazu fähig zu sein.

Wenn es regelmäßig Probleme mit den Hausaufgaben gibt und Ihr Kind sie nie allein oder ohne erhebliche Konzentrationsmängel macht und auch Gespräche mit der Lehrerin und Erfahrungsaustausch mit anderen Eltern nicht weiterhelfen, rate ich Ihnen, eine Erziehungsberatungsstelle aufzusuchen. Wahrscheinlich handelt es sich um ein festgefahrenes Problem, das, je eher es besprochen wird, desto eher auch aus der Welt geschafft werden kann. Manchmal braucht es für eine Lösung nur einen winzigen Kick von außen, nur eine neue Sichtweise des Problems - und es löst sich auf. Es wäre schade, diese Chance zu verpassen. Leser des Manuskriptes dieses Buches haben mich darauf hingewiesen, daß ich Eltern häufig an Experten verweise. Sind diese denn überhaupt erreichbar, und wenn ja - können sie überhaupt helfen? Prinzipiell gehe ich davon aus, daß jede Familie eine ganze Palette von Problemlösungsmöglichkeiten hat. Im Familienkreis, im Gespräch mit Nachbarn, Freunden und Bekannten lassen sich fast alle Alltagsprobleme lösen. Nur: Es gibt auch in fast allen Familien einmal Probleme, die sich im Kreis zu drehen scheinen und die um so größer werden, je mehr man sie zu lösen versucht. In diesem Fall verweise ich an »neutrale Dritte«, z. B. Therapeuten. Es gibt sie in jeder größeren Stadt- also für jeden erreichbar. Ob diese »gut« oder »schlecht« sind, müssen Eltern selber herausfinden. Wenn das Kind krank ist, geht man ja auch zum Arzt. Ob man die Medizin dann auch verabreicht, liegt in der eigenen Verantwortung. Ob man den Arzt wechselt, auch.

Ernährung des Schulkindes

Ich bin keine Ernährungswissenschaftlerin und will Ihnen auch keine Rezepte weitergeben. Glauben Sie mir oder glauben Sie mir nicht. Oder probieren Sie es einfach aus: Ein Schulkind braucht, wie jeder andere Mensch auch, vollwertige Ernährung, d.h. Vollkornprodukte, Obst und Gemüse, aber möglichst keinen Zucker, kein Fleisch, keine Wurst und kein Fett.

Zucker und weißes Mehl entziehen dem Körper Vitamine, die gerade Kinder im Wachstum dringend brauchen. Wenn Ihr Kind bisher gewohnt war, Toast, Nutella und Nudeln mit Ketchup zu essen, können Sie sicherlich diese Gewohnheiten nicht von heute auf morgen umstellen. Wenn Sie Ihr Kind nie zum Essen zwingen und andererseits bestimmte Produkte, die Sie nicht mehr essen wollen, z.B., weil sie zu viel Zucker enthalten, einfach nicht mehr kaufen, wird sich das Problem ganz von selbst lösen.

Magersucht oder Fettsucht bei Kindern treten immer nur in solchen Familien auf, die um das Essen viel Aufhebens machen. Wenn ein Kind merkt, daß für seine Eltern sehr wichtig ist, wieviel oder wie wenig es ißt, lernt es bald, daß seine Eltern über das Essen erpreßbar sind. Ignoriert man dagegen die sogenannten Eßprobleme, reguliert sich die Nahrungsaufnahme von selbst auf ein normales Maß.

Übrigens erlauben auch Kinderärzte gerade »schlechten« Essern eine gewisse Einseitigkeit in der Ernährung, weil man davon ausgehen kann, daß diese von selbst beendet wird.

Anbei eine Aufstellung von Lieblingsspeisen und möglichem Ersatz:

Limonade (enthält viel Zucker)	ungezuckerter Saft + Mineralwasser
Ketchup	Selbstgemachte Nudelsoße aus Möhren, Zwiebeln und Tomaten + Tomatenmark. Damit die Kinder die einzelnen Bestandteile nicht identifizieren, mit dem Pürierstab oder im Mixer zerkleinern.
Spaghetti	Vollkornspaghetti
Weißbrot und Brötchen	Aus Hefeteig mit Vollkornmehl mit den Kindern selber backen. Verschiedene Sorten Vollkornbrot kaufen und ausprobieren.
Wurst	Vegetabile Pasten. Es gibt mindestens 20 verschiedene Sorten. Eine davon schmeckt ihrem Kind bestimmt!
Bratwurst und Würstchen	Sojabratwürste und Sojawürstchen
Fruchtjoghurt	Zuckerfreie Marmelade + Joghurt
Süßigkeiten	Obstteller lecker anrichten Trockenfrüchte, Nüsse und Rosinen, Vollkornkekse

Im übrigen lohnt es sich wirklich, in Alternativläden, Reformhäusern oder Buchhandlungen nach alternativen Rezepten Ausschau zu halten. Ich möchte behaupten, daß viele Familien nur deshalb so ungesund essen, weil sie es nicht anders gewohnt sind und keine neuen Rezepte kennen.

Wenn die Werbung einen glauben machen will, daß Vitaminsaft, Eisentabletten oder Produkt XY die Leistung des Kindes in der Schule steigern, dann ist das natürlich stark übertrieben. Ein gesundes Kind braucht weder Vitamin- noch sonstige Tabletten.

Daß aber Kinder, die morgens ohne Frühstück aus dem Haus gehen, müde und lustlos, möglicherweise sogar mit Kopfschmerzen »herumhängen«, habe ich in meiner Schulpraxis mehrfach beobachtet. Ohne daß ich die Ursache dafür kannte, wunderte ich mich über plötzliche Veränderungen. Nachträglich erfuhr ich, daß die Eltern beim Arzt waren, wo eine Senkung des Blutzuckerspiegels festgestellt wurde. Den Kindern wurde ein gutes Frühstück und ein kleiner Imbiß nach jeder Schulstunde empfohlen. Irgend etwas sollte Ihr Kind also unbedingt zum Frühstück essen: ein bißchen Müsli, ein Knäckebrot, ein Stück Obst, ein Joghurt... irgendeine Spezialität, die es mag.

Und nun zum Pausenbrot: Die meisten Kinder sind da unkompliziert und essen, was sie vorfinden, und gern noch mehr. Meine Kinder fanden es immer äußerst interessant, zu beobachten, wer was auf dem Brot hatte. Mäklige Kinder sollten das auf ihr Brot bekommen, was sie sich wünschen. Oder nur eine Möhre oder ein Stück Apfel. Es hat keinen Sinn, ihnen Brot mitzugeben, das sie dann trocken nach Hause bringen oder wegschmeißen.

Lehrer - Eltern - Schüler

Ein Kind bleibt das Kind seiner Eltern, auch nach Schuleintritt. Aber es versteht sich wohl von selbst, daß die schulischen Anforderungen besser gemeistert werden können, wenn Eltern und Lehrer zusammenarbeiten und sich über Probleme, Erfolge, Pläne und Sorgen austauschen.

Ein Lehrer darf sich nicht anmaßen, Eltern vorzuschreiben, wie sie ihre Kinder zu erziehen haben. Lehrer müssen aber klarmachen, was sie von den Kindern erwarten. Eltern tun gut daran, diese Anforderungen zu akzeptieren und ihr Kind nicht dagegen zu erziehen. Sie ersparen ihm dadurch Konflikte, die es in den ersten Schuljahren überfordern könnten.

Wenn Eltern der Meinung sind, die Ansprüche des Lehrers nicht akzeptieren zu können, und Gespräche mit ihm nichts nützen, würde ich zunächst mit anderen Eltern reden. Fühlt man sich auch hier unverstanden und alleingelassen, besteht noch die Möglichkeit, das Kind in die Parallelklasse zu versetzen. Bevor man das mit dem Schulleiter erörtert, sollte man noch einmal bedenken, welche Konsequenzen solche schwerwiegenden Veränderungen haben, ob sie wirklich Besserung bewirken und ob sie von der Sache her gerechtfertigt sind. Ich finde, diese Frage gehört zu den schwierigsten überhaupt. Einerseits sollten Eltern sich nicht gefallen lassen, daß ihr Kind gequält wird. Andererseits ist es schwer einzuschätzen, wie sehr das Kind wirklich leidet und ob die Anforderungen tatsächlich überhöht sind. Klärende Gespräche mit möglichst vielen verschiedenen Personen, die das Kind kennen, sind hier sicherlich sehr hilfreich. Wenn das Kind jedoch bereits körperliche Symptome wie Schlafstörungen, Bettnässen oder Schulangst zeigt, würde ich anfangen, wie eine Löwin zu kämpfen, bis hin zur Umschulung auf eine andere Schule, vielleicht sogar eine

Privatschule. Ich weiß allerdings, daß z. B. auf dem Land solche Möglichkeiten gar nicht gegeben sind. Dann hilft wohl nur, seinem Kind den Rücken zu stärken oder auszuwandern.

Wenn im folgenden zunächst von Problemen der Zusammenarbeit zwischen Elternhaus und Schule die Rede ist, dann nicht, weil ich meine, sie wären die Regel. Ich finde nur wichtig, auch über Probleme zu sprechen.

Die Angst des Lehrers vor den Eltern

Viele Eltern haben Angst vor Lehrern. Ihnen kann ich versichern, daß die Angst des Lehrers vor den Eltern auch groß ist. Ihm sind die Kinder ja nur anvertraut. Wenn die Eltern als Erzieher in Konkurrenz zu ihm treten, Kritik anmelden oder Änderungsvorschläge machen, fühlen sich viele Lehrer angegriffen oder in ihrer Berufsehre gekränkt.

Lehrer sind für ihren Unterricht verantwortlich und ziehen ihre Bestätigung aus dem Lerneifer und den Arbeitsergebnissen der Schüler. Aber auch aus der Resonanz, die von den Eltern kommt. Es tut unerhört gut, von Eltern gesagt zu bekommen »Mein Kind kommt so gern zu Ihnen« oder »Für Ihren interessanten Unterricht möchten wir uns herzlich bedanken« oder »Bei Ihnen hat mein Kind enorm gelernt«.

Und kein Lehrer, auch wenn er noch so arrogant wirkt, bleibt innerlich gelassen, wenn Eltern ihn kritisieren. Je berechtigter die Kritik ist, um so mehr wird er sich getroffen fühlen. Ein kritisierter Arzt wird sich nie so getroffen fühlen wie der Lehrer: Ein Laie hat schließlich keine Ahnung von Medizin. Daß aber Eltern keine Ahnung von Erziehung haben, kann man so leicht nicht behaupten.

Ein Lehrer hat außer den Eltern und Schülern kaum einen, der ihn bestätigen oder loben könnte. Der Schulleiter wird es nur in den seltensten Fällen tun, der Schulrat ist eine reine

Kontrollinstanz, und in vielen Kollegien arbeitet jeder Lehrer isoliert für sich. Selten ist eine Zusammenarbeit möglich, gegenseitige Unterrichtsbesuche zum Zweck der Hilfe und Weiterbildung sind so gut wie ausgeschlossen. (Natürlich gibt es viele Ausnahmen: Kollegien, die sehr engagiert und gemeinschaftlich arbeiten. Ich glaube jedoch nicht, daß dies auf die meisten Grundschulen zutrifft.) Während es in vielen sozialen oder psychologischen Berufen eine »Supervision« gibt, wissenschaftliche Begleitung der beruflichen Praxis durch Gespräche und Vorstellen der jeweiligen Arbeit zum Zweck der gegenseitigen Hilfe und des besseren Verstehens, ist diese Arbeitsform bei

Lehrern völlig unbekannt. Auch Fortbildungsmöglichkeiten werden nur auf freiwilliger Basis und in sehr unterschiedlichem Umfang angeboten, so daß es vorkommen kann, daß Kinder jahrelang nach veraltetem Material unterrichtet werden.

Im Klassenzimmer ist der Lehrer »König«. In der Grundschule jedenfalls ließe sich Kritik von seiten der Schüler, wenn diese sich dazu in der Lage fühlten, leicht »abbügeln«. Weil viele Kinder weder bereit noch in der Lage sind, Details aus ihrem Unterrichtsalltag zu Hause zu erzählen, haben Lehrer von dieser Seite wenig zu befürchten.

Treten nun wider Erwarten Eltern auf den Plan, fühlt sich mancher Lehrer in panische Angst versetzt, was den Eltern aber meistens nicht als Angst, sondern als Sturheit, Uneinsichtigkeit oder Arroganz erscheint bzw. sich tatsächlich so ausdrückt.

Ich will nicht behaupten, daß alle Lehrer Kritik gegenüber so empfindlich reagieren, auch nicht, daß Eltern, wenn sie Lehrer kritisieren, meistens im Recht sind. Denn meine eigenen Erfahrungen mit Eltern waren eher die, daß sie von mir Methoden und Maßnahmen Kindern gegenüber verlangten, die rechtlich gar nicht zulässig und meiner Meinung nach pädagogisch falsch waren. Auch das machte mir angst, obwohl ich mich im Recht fühlte.

Die Angst der Eltern vor den Lehrern

Diese Angst ist sicherlich weiter verbreitet, schon allein deshalb, weil es wesentlich mehr Eltern als Lehrer auf der Welt gibt. Außerdem fühlen sich viele Eltern den Lehrern bildungsmäßig unterlegen und hilflos, besonders wenn sie zum Lehrer »zitiert« werden. Bezeichnenderweise bestellen sich Lehrer Eltern in der Regel nur, wenn ihr Kind nicht »funktioniert«. Entsprechend bang sind die Erwartungen, mit denen Eltern die Schule betreten und dabei womöglich noch Kindheitsängste aufsteigen spüren. Was Eltern als Angst und Beklemmung erleben, könnte der Lehrer als Uneinsichtigkeit oder Hilflosigkeit deuten, vielleicht sogar als Beschränktheit, über die er sich heimlich lustig macht.

Neben eigenen, vielleicht negativen Schulerfahrungen repräsentiert der Lehrer ein Schulsystem, das Macht über Kinder ausübt, bedingungslos aussortiert und verweist und so Weichen für das Leben stellt. Sollte einem das n i c h t angst machen? Ich glaube nicht, daß es nur an der Gleichgültigkeit der Eltern liegt, wenn zu Elternversamlungen manchmal kaum die Hälfte der Eltern erscheint. Hier drückt sich ein tiefes Mißtrauen der Schule gegenüber aus und die begründete Erkenntnis, daß nichts zu ändern ist an dem System der Aussonderung: Die Guten ins Töpfchen, die Schlechten...

Wenn der Lehrer nicht von sich aus deutlich macht, daß er kein Repräsentant dieses Systems ist, sondern sein entschiedener Gegner, wird sich daran nichts ändern. Wenn gerade die ängstlichen Eltern sich überwinden könnten, ihre Angst auszusprechen und ihre Befürchtungen offen zu äußern, wäre viel gewonnen. Vereinigte Eltern haben schon so manchem Politiker das Fürchten beigebracht.

Wenn Eltern Probleme haben

Daß Eltern Probleme haben, ist heute etwas Alltägliches. Die »normalen« Familien, bestehend aus Eltern und Kindern, sind inzwischen in der Minderheit. Alleinerziehende Mütter oder Väter, getrennt lebende Partner, geschiedene Ehen sind nichts Besonderes mehr. Ebenfalls alltäglich sind Arbeitslosigkeit, Wohnungsnot und Armut, ein Zunehmen von Krankheiten - auch psychisch bedingten. (Gibt es Krankheiten, die nicht psychisch bedingt sind?)

Wenn Eltern Probleme haben, sind Kinder immer betroffen. Wenn Kinder mit den Problemen ihrer Eltern konfrontiert sind, macht sich das immer auch in der Schule bemerkbar.

Ich kann und will hier keine pauschalen Ratschläge erteilen, möchte nur zu bedenken geben, daß die Zeiten der Scham vorbei sind: Je offener Menschen über ihre Probleme zu sprechen verstehen, desto weniger werden sie dafür verurteilt, falsch verstanden oder scheel angeguckt. Und wer es schon mal ausprobiert hat, weiß, daß man sich auch seiner Tränen nicht schämen muß. Übrigens auch nicht vor der Lehrerin, denn sie heult auch mal.

Was aber ist mit den Kindern? Sie »raushalten« zu wollen, ist wohl nicht nur unmöglich, sondern auch gefährlich. Die Antennen der Kinder sind weitaus empfangsbereiter für Störungen als die vieler Erwachsener. Kinder spüren, auch wenn kein Wort fällt, daß etwas in der Luft liegt, und je weniger sie wissen, um so mehr wachsen ihre eigenen Vorstellungen und Phantasien. Kinder können die Körpersprache und Mimik ihrer Eltern hervorragend lesen und reagieren darauf, auch wenn die Eltern es gar nicht bemerken. Das haben sie schließlich inzwischen mindestens sechs Jahre lang - z. T. hautnah - trainiert! Und jeder hat wohl schon mal bemerkt, wie ein scheinbar ins Spiel versunkenes Kind Wortfetzen oder Sätze aus der Unterhaltung der Erwachsenen - sogar aus dem Nebenzimmer - auffängt: die berühmten »langen Ohren«. Im günstigsten Fall fragt das Kind spontan oder später nach. Oder es macht sich im stillen seinen Reim.

Es überfordert Kinder sicherlich ungeheuer, sie wie erwachsene, gleichberechtigte Partner zu behandeln, und bürdet ihnen Lasten auf, die sie nicht tragen können. Sie wie dumme Schäfchen zu behandeln läßt aber »tierische« Ängste aufkommen, die leicht ins unermeßliche wachsen. Nach meinen Erfahrungen sollten Väter und Mütter in einer verständlichen Sprache erklären, um was es geht, und auch, daß sie um Lösungen streiten.

Leider gelingt es kaum einem Paar, die emotionsgeladene

Trennungsphase unter sich auszutragen: Fast immer werden Kinder als Bündnispartner einbezogen, ausgenutzt und so hin und hergerissen. So werden sie mit vielem beladen, für das sie keinerlei Schuld tragen und gegen das sie sich nicht wehren können. Schon in der Bibel - und im Kaukasischen Kreidekreis hat Brecht es aufgegriffen - wird erklärt, daß der, der es wirklich liebt, sein Kind nicht zerreißt und deshalb verzichtet.

Nun wird dieses Wissen Eltern, die gerade mitten in der hitzigen Schuld-, Vorwurfs- und Aufrechnungsdebatte stekken, wenig nützen. Deshalb sollte man von Eltern, die sich trennen, mit Nachdruck fordern, sich im Interesse ihrer Kinder zu einigen. Eine Scheidung muß nicht auf Kosten der Kinder gehen, wenn Eltern bereit sind, ihre Probleme zu besprechen und Zugeständnisse zu machen. Wenn das zu zweit nicht möglich ist, sollten unbedingt unparteiische Berater eingeschaltet werden - was nicht nur das Wohl der Kinder fördert, sondern auch die Scheidungskosten senkt. Aus meinen familientherapeutischen Erfahrungen kann ich jedem versichern, daß es auch in noch so ausweglos erscheinenden Konflikten doch Lösungswege gibt. Es sind immer die, auf die man selber nicht kommt. Möglichst früh sollten Sie auch die Lehrerin Ihres Kindes »einweihen«. Wieviel Sie ihr erzählen möchten, ist allein Ihre Sache. Es hilft Ihrem Kind in der Schule aber sehr, wenn Sie mitteilen: »Wundern Sie sich bitte nicht über Tinas Verhalten. Wir haben zur Zeit große Probleme zu Hause.« Das genügt wohl jedem menschlich gebliebenen Lehrer, das Kind im Unterricht zu schonen und besser zu verstehen.

Die Angst des Schülers vor Lehrern und Eltern

Wer Angst hat, kann nicht lernen. Und wer als Schüler nicht lernt, bekommt noch mehr Angst. Schüler haben Angst, etwas falsch zu machen, den Lehrer zu fragen, um etwas zu bitten.

Angst vor Klassenkameraden und Angst, nicht gut genug zu sein.

Probleme, die dem Erwachsenen lächerlich vorkommen, quälen manche Kinder tagelang. Selten erfährt der Lehrer etwas davon. Eltern verschärfen Probleme, wenn sie zusätzlichen Druck erzeugen, zu hohe Anforderungen stellen. So habe ich oft erlebt, daß Eltern von ihren Kindern mehr verlangen als die Lehrer: »Mit einer Drei kommst du mir nicht nach Haus!«

Nicht immer werden die Ansprüche offen ausgesprochen. Oft heißt es einfach: »Hast du deine Hausaufgaben auch sorgfältig gemacht? Wirklich?« oder »Hast du dich heute auch gemeldet?« oder »Warum hast du noch immer kein Lachmännchen in deinem Heft?«.

Natürlich haben nicht alle Kinder Angst. Sie müssen auch lernen, Angst zu überwinden und Erwartungen zu erfüllen. Es ist sogar eine gute Erfahrung, zu erkennen, daß man vor einiger Zeit noch Angst vor diesem oder jenem hatte und jetzt nicht mehr.

Trotzdem kommen Kinder manchmal in arge Bedrängnis. Wenn die Eltern etwas anderes sagen als die Lehrerin. Wenn der Lehrer etwas sagt, von dem das Kind meint, die Eltern dürften es nicht erfahren. Wenn andere Kinder etwas gesagt haben, das kränkt. Wenn es ausgelacht oder bloßgestellt worden ist.

Es ist gut, eine Stunde zu finden, in der es Zeit und Ruhe für Gespräche gibt. Ständige Nachfragen: »Na, wie war's in der Schule?« verschließen Kinder eher. Aber in einer Plauderstunde am Nachmittag oder Abend (bei uns findet sie immer am Bett statt, wo allmählich ein kleiner Skandal vom Pausenhof nach dem anderen hervorkommt und ich erfahre, wie erlebnisreich der Tag eines Schulkindes abläuft) können Ängste ausgesprochen, gemeinsam Lösungen gesucht werden.

Wenn Ihr Kind gar nichts erzählt, aber häufig Bauchschmerzen, Kopfschmerzen oder andere Krankheiten bekommt, können Sie sicher sein, daß es große Probleme hat. Was können Sie tun? Der beste Weg ist sicherlich, mit Ihrem Kind ins Gespräch zu kommen. Das geht weder auf Befehl noch auf die schnelle. Es braucht Zeit und vielleicht ein Medium, das zum Reden anregt: einen Film von einem Kind mit Schulsorgen, Erzählungen von eigenen Schulproblemen oder das Vorlesen von Schulgeschichten. Auch ein Gespräch mit der Lehrerin und anderen Eltern kann vielleicht helfen. Wenn dies alles keine Veränderung bringt und Sie selber keine Ideen mehr haben, würde ich eine Erziehungsberatungsstelle aufsuchen oder mich in einer familientherapeutischen Beratungsstelle zu einem (unverbindlichen) Erstgespräch anmelden.

Das Gespräch mit dem Lehrer
Was? Wie? Wann? Wozu?

Jeder an den Kindern interessierte Lehrer wird die Eltern benachrichtigen, wenn ihm etwas aufgefallen ist, was die Eltern wissen sollten oder wobei er die Hilfe der Eltern braucht. Wann sollten umgekehrt die Eltern mit dem Lehrer Kontakt aufnehmen? Den alten Spruch »Gehe nicht zu deinem Fürst, wenn du nicht gerufen würst« sollte man wirklich in der Feudalzeit belassen. Er paßt nicht zu einer demokratischen Institution, wie die Schule es sein sollte.

Wahrscheinlich wird Ihnen die Lehrerin Ihres Kindes auf dem ersten Elternabend gesagt haben, wann sie wo zu sprechen ist. Es ist nützlich, sich hieran zu halten, um nicht durch »Formfehler« den Ärger auf sich zu ziehen. Manche Lehrer lassen gern mit sich reden und sind jederzeit ansprechbar, auch zwischen Tür und Angel (was sicher nie günstig ist). Andere nehmen jeden Termin sehr wichtig und sind nur nach vorheriger Anmeldung zu bestimmten Sprechzeiten für Eltern da. Manche geben bereitwillig ihre Telefonnummer heraus, andere halten sie geheim, weil sie telefonische Störungen befürchten.

Ich muß zugeben, daß ich es auch nicht sehr erbaulich finde, wenn mich Mütter anrufen, um mir mitzuteilen, daß ihr Kind verschnupft ist. Prinzipiell aber gilt für mich: Lieber ein Gespräch mehr als eines zu wenig. Ich erfahre so, welcher Großvater im Sterben liegt, daß Klaus' Eltern sich gerade scheiden lassen und Susi sich ungerecht behandelt fühlt. Jetzt verstehe ich, warum Jens aus dem Fenster schaut und träumt, Klaus plötzlich losheult und Susi schon wieder fehlt. Und ich nehme mir vor, Sven, der eifersüchtig auf seine kleine Schwester ist, heute ganz besonders zu beachten - ein gezieltes Lächeln, mal über den Kopf streicheln, das wirkt schon.

Die Lehrerin braucht also Informationen von Ihnen über das, was Ihr Kind innerlich bewegt. Ich denke, das ist der wichtigste Grund, mit einer Lehrerin zu sprechen.

Ein anderer Anlaß wäre, daß Sie mit bestimmten Maßnahmen oder Unterrichtsinhalten nicht einverstanden sind. Natürlich sollten Sie in so einem Fall das Gespräch suchen, vergessen Sie aber bitte nicht, daß die Lehrerin allein für den Unterricht verantwortlich ist. Ich denke hier nur an den Ton: Es ist geschickter und wirkungsvoller, sich einen Sachverhalt erklären zu lassen, als gleich Forderungen zu stellen. Selbstverständlich sollten Sie Ihre Meinung sagen, aber eben als Meinung, nicht als Recht.

Und bedenken Sie eins: Wenn Sie sich klar ausdrücken, werden Ihre Worte auf jeden Fall »ankommen«, auch wenn Sie sich vielleicht zurückgewiesen fühlen; ganz sicher wird Ihr Gespräch Anlaß zum Nachdenken und Überlegen sein, auch wenn Ihnen Ihr Gegenüber klarmacht, daß Sie völlig im Unrecht sind.

Wichtig ist auch, daß Sie Ihre Angst über Bord werfen, Ihr Kind werde auszubaden haben, was Sie eingerührt haben. Ich habe nur selten erlebt, daß Kinder von Eltern, die in der Schule Furore gemacht haben, besonders geknebelt worden sind. Eher werden sie wie rohe Eier behandelt.

Ich glaube, es ist sehr wichtig, den richtigen Ton zu finden und, wenn es Grund dazu gibt, mit Anerkennung nicht zu sparen. Jeder Mensch sehnt sich nach ihr.

In ganz ernsten Fällen sollten Sie auch den Schulleiter einschalten und ggf. eine Psychologin, die ihre Hilfe anbietet. Die wenigsten Anlässe, das Gespräch zu suchen, sind aber hoffentlich so negativ. Warum sagen Sie der Lehrerin Ihres Kindes nicht, wenn Ihr Kind von einem Unterrichtsstoff besonders begeistert war, wenn ihm eine Aufgabe mal ganz viel Spaß gemacht hat und wenn es, angeregt durch den Unterricht, eine Sache zu Hause fortgeführt hat?

Warum gehen Sie nicht in die Schule und bieten Ihre Hilfe in einer bestimmten Form an? Ich meine nicht, daß Berufstätige den Wandertag mitmachen oder Aufgaben des Lehrers übernehmen sollten. Vielleicht haben Sie aber einen interessanten Beruf (z. B. Feuerwehrmann, Umweltingenieur, Wasserschutzpolizist etc.), den Sie den Kindern vorstellen könnten, oder verfügen über besondere Kontakte, die der Lehrerin nützlich sein könnten? Vielleicht haben Sie ein bestimmtes Fachwissen, das Sie anschaulich an die Kinder weitergeben könnten: Sie spielen vielleicht ein Instrument oder häkeln besonders gut? Vielleicht züchten Sie Hunde oder andere Tiere? Vielleicht sammeln Sie bestimmte Gegenstände oder haben Hobbys, die für Kinder interessant sein könnten?

Auch hierüber sollten Sie mit der Lehrerin Ihres Kindes sprechen, denn nichts ist interesanter als lebensnaher Unterricht. Und woher sollte die Lehrerin Ihre Qualitäten kennen?

Noch etwas: Gerade wenn Sie ein stilles, bescheidenes und unauffälliges Kind haben, sollten Sie sich ab und zu bei der Lehrerin Ihres Kindes sehen lassen. Es ist eine fatale Tatsache, daß man als Lehrer gerade diese Kinder ständig übersieht, besonders wenn die Klassenfrequenz hoch ist, da andere Kinder durch Übereifer oder Verhaltensauffälligkeiten sich dauernd hervortun. Kennt die Lehrerin jedoch die Eltern eines »Mäuschens« und erfährt von ihnen mehr über das Kind, wird sie es auch automatisch mehr beachten.

Auf keinen Fall jedoch sollten Sie wegen jeder Kleinigkeit in die Schule kommen und die Lehrerin belagern. Eine verlorene Mütze (die das Kind beim Hausmeister abholen kann), ein Ausdruck, den ein Mitschüler benutzt haben soll, ein Fehler, der für Sie unverständlich angestrichen wurde (lassen Sie das Kind selber danach fragen!), oder ein kaputter Füller sind kein Grund, um einen Gesprächstermin zu bitten. Sonst wächst die Gefahr, daß Sie mit wirklichen Problemen nicht mehr ernst genommen werden.

Es ist auch überflüssig, sich alle paar Tage nach den Leistungen oder dem Verhalten zu erkundigen. Überlassen Sie es getrost der Lehrerin, Sie in Form von Zeugnissen oder besonderen Mitteilungen darüber zu informieren, und erwarten Sie nicht, falls Sie besondere Maßnahmen erzieherischer Art ergriffen haben, daß sich schon in den nächsten Tagen Erfolge einstellen müßten. So wichtig es ist, über Probleme zu reden, so schädlich ist es, sie durch ständiges Nachfragen zu zerreden.

Eltern, Lehrer, Schüler - gemeinsam für bessere Schulen

Wenn bisher viel von Schwierigkeiten die Rede war, die sich zwischen Eltern, Schülern und Lehrern ergeben, so darf nicht der Eindruck enstehen, es handele sich dabei um notwendige Widersprüche oder unvermeidbare Probleme. Im Gegenteil: Eltern, Lehrer und Schüler haben ein objektives gemeinsames Interesse an demokratischen Veränderungen im Schulsystem, an pädagogischen Verbesserungen und humanen Umgangsformen. Dieses gemeinsame Interesse besteht auch, wenn sich Eltern und Lehrer, Kinder und Lehrer vielleicht subjektiv als »Feinde« empfinden.

Daß die Klassenfrequenzen 25 Kinder nicht überschreiten, daß alle im Unterricht »mitkommen«, daß Kinder mit besonderen Begabungen besonders gefördert werden und Kindern mit Verhaltensauffälligkeiten geholfen wird, Freude am Lernen mit ihren Mitschülern zu gewinnen, liegt im Interesse von Eltern, Lehrern und Schülern.

Wenn sich die CDU und die ihr nahestehenden Bildungsverbände immer wieder für die Eliteschulen aussprechen, gleichzeitig aber mehr Geld für die Schulen für alle verweigern und gegen jeden Ansatz polemisieren, mehr Bildung für alle durchzusetzen, richten sie sich damit gegen die Interessen ihrer eigenen Wähler und deren Kinder. Ich finde immer wieder erstaunlich, wie schnell sich Eltern mit den Zuständen an einzelnen Schulen abfinden und wie leicht sie ein »Es geht nicht« aus politischem Mund glauben. Daß es durchaus möglich ist, allen Kindern eine gründliche Allgemeinbildung zu vermitteln, zeigt das Beispiel anderer Länder, wo wesentlich mehr Mittel für das Bildungswesen ausgegeben und alle Kinder besser gefördert werden als bei uns. Will man sich verdeutlichen, was auf schulischem Gebiet möglich ist, sollte man z. B. einen Blick in die skandinavischen Nachbarländer, in die Niederlande oder die Schweiz werfen. Aufgrund von Bürgerprotesten wurde in der Schweiz sogar eine Schulreform, die auf mehr Eigenverantwortung und differenziertem Lernen beruht, durchgesetzt. Man kann sich dies in Reinhard Kahls Film »Lob des Fehlers« Teil 1 (s. Literaturverzeichnis) anschauen.

Bessere Schulen könnten bei uns auch die Regel sein, wenn sich mehr Eltern, Lehrer und Schüler gemeinsam einsetzen würden. Daß dies so selten geschieht, liegt manchmal auch an mangelnder Information. Gedanken wie diese, daß manche eben »doofer« sind als andere, daß man eh nichts tun könne, daß die da oben alles bestimmen oder daß eben kein Geld da sei, sind weitverbreitet und bewirken eine Hinnahme bestehender Mißstände, verbunden mit dem zähen Glauben, daß Veränderung unmöglich sei.

Wenn im Fernsehen täglich Filme über Schulen in anderen Ländern gezeigt würden, die sich nach Ausstattung, Niveau und Klima von den bundesdeutschen erheblich unterscheiden, wenn Zeitungen und Illustrierte über bundesdeutsche Modellschulen berichten und Mut verbreiten würden, wenn Radio und Kino Beispiele brächten von Schulen, in denen Lernen Spaß macht, wo keiner verzweifelt und alle gefördert werden, wenn die Entwicklung unserer Kinder von problematischen Erstkläßlern zu glücklichen Schulabgängern mit Abschluß ein öffentliches Interesse fände, dann würden sich Lehrer, Eltern und Schüler bestehende Mißstände keinen Tag länger gefallen lassen, dann würde der Funke überspringen. Denn überall da, wo ihr Bündnis bisher zustande gekommen ist, sind auch Veränderungen durchgesetzt worden. Nicht allen Eltern scheint klar zu sein, daß Wahlen auch über die schulische Zukunft der Kinder mitentscheiden. Ich kann mir jedenfalls nicht vorstellen, daß Eltern sich bewußt für Aussonderung, Elitebildung und gegen Förderungsmaßnahmen entscheiden, daß sie gegen Gesamtschulen wählen und für Einstellungsstopp für Lehrer an Schulen. Wenn Eltern, Lehrer und Schüler bei künftigen Wahlen genau prüfen, welche Vorstellungen Politiker verschiedener Parteien über Schule haben und wieviel Geld ihnen die Bildung der Kinder wert ist, könnte sich einiges verändern.

Aber wer sagt, daß man bis zu den Wahlen warten muß? Wo immer sich Eltern, Lehrer und Schüler zusammentun, sind Veränderungen möglich.

Elternvertreter

Der Aktivität der Elternvertreter verdankt manche Schule konkrete Verbesserungen.

Elternvertreter werden nach dem Schulverfassungsgesetz gewählt. Die Gesetze, die die Mitwirkung von Eltern und Schülern an Schulen regeln, sind von Bundesland zu Bundesland verschieden und müssen den Eltern bei Schuleintritt des Kindes überreicht werden. Gewählt wird meistens für ein Schuljahr, ganz sicher jedoch zu Beginn des ersten Schuljahres.

Wenn die gewählten Elternvertreter gut mit den Lehrern der Klasse zusammenarbeiten und wichtige Informationen, die sie aufgrund ihrer Tätigkeit erhalten, an die Eltern der Klasse weitergeben, können sie z. B. durch Unterschriftensammlungen oder Besuche beim Schulrat verhindern, daß Klassen zusammengelegt, Lehrer versetzt oder entlassen, Mitschüler von der Schule verwiesen oder Lehrmittel gekürzt, Arbeitsgemeinschaften gestrichen werden.

Indem sie in Absprache mit dem Klassenlehrer Aktionen starten, die Presse informieren und sich mit anderen Elternvertretern zusammentun, kann viel aufgeschoben und verändert werden, zumindest ist nichts mehr unter den Tisch zu kehren.

Aber Elternvertreter müssen nicht immer kämpfen. Manchmal genügt es auch, alle Eltern zu einem Picknick zu versammeln, ein gelungenes Klassenfest mit vorzubereiten oder einfach der Lehrerin einen Strauß von den Kindern bemalter Ostereier an Frühlingszweigen als Dank zu überreichen.

Zusammenleben mit Schulkindern - Konflikte im Alltag

Mit dem Eintritt in das Schulalter ergeben sich - unabhängig von typischen Schulkonflikten - auch für das Zusammenleben zu Hause bestimmte Schwierigkeiten, die Eltern und Kinder gemeinsam bewältigen müssen. Konflikte spielen sich in jeder Familie anders ab, denn jede Familie hat ihre besondere Geschichte und ihre eigenen Regeln. Mir selber fällt es z. B. schwer zu akzeptieren, daß meine Kinder groß und selbständig werden und, anstatt meinen Rat einzuholen, vieles besser wissen und »freche Antworten« parat haben, während ich eigentlich ein »Ja, liebe Mama« wie in Kindertagen alter Zeit hören möchte.

Die Schulzeit ist eine Zeit, in der Kinder unabhängig von ihren Eltern und manchmal sogar gegen sie (z. B. wenn weltanschauliche Dinge vermittelt werden) enorm viel Wissen aufnehmen, Erfahrungen sammeln und lernen. »Meine Lehrerin hat aber gesagt...« ist sicher noch ein harmloser Konflikt - denn natürlich hat die Lehrerin recht. Oder?

Ein anderer Punkt ist, daß die Kinder in einer großen Gruppe mit vielen anderen Kindern - und daher auch vielen Vergleichsmöglichkeiten gemeinsam lernen: Neid, Eifersucht, Selbstzweifel, Einsamkeit, Anpassung, Hinnehmenmüssen und viele andere Probleme mehr können die Folge sein, oft unausgesprochen, aber doch sichtbar im Alltag. Ihr Kind kommt sauer aus der Schule, ist launisch, will bestimmte Sachen nicht mehr anziehen, andere - unmögliche - haben etc. etc.

Auf bestimmte typische Konflikte werde ich eingehen - wieder ohne Lösungen, ich möchte nur Denkanstöße geben. Wie Sie die Konflikte mit Ihrem Kind am besten regeln, können nur Sie selber wissen und entscheiden!

Taschengeld

Im Schulalter bekommen Kinder bei uns gewöhnlich Taschengeld. Ist das richtig? Und wieviel soll es sein? Soll ein achtjähriges Kind mehr bekommen als ein sechsjähriges? Taschengeld ist keine Selbstverständlichkeit, es gibt Gegenden auf der Welt, wo weder Kinder noch Erwachsene mit Geld etwas anfangen können, so kann auch kein Bedürfnis danach aufkommen. Daß es in unserer Gesellschaft anders ist, ist klar: Geld regiert unsere Welt, und Kinder sind da nicht ausgenommen - im Gegenteil. Ganze Industriezweige hoffen auf die Summen, die bundesrepublikanische Kinder zur eigenen Verfügung haben. Ich kann Eltern gut verstehen, die ihre Kinder von einem derartigen »Konsumterror« fernhalten wollen und, anstatt Taschengeld auszuzahlen, gemeinsam über Bedürfnisse reden und darüber, wie diese gemeinsam befriedigt werden können.

Wir haben uns entschlossen, unseren Kindern Taschengeld zu geben. Sie haben es bei Freunden kennengelernt, als sie noch im Vorschulalter waren, und da sie mitkriegen, daß Geld in unserem Leben eine Rolle spielt, finden wir es richtig, daß sie lernen, damit umzugehen. Unser neunjähriger Sohn bekommt genausoviel wie sein siebenjähriger Bruder, da wir im Moment nicht erkennen können, wieso ein älteres Kind mehr braucht. Das kann sich später durchaus einmal ändern. Bei uns ist Taschengeld »Geld für die Tasche«, das heißt, die Kinder können es wirklich ausgeben, wie sie wollen. In bezug auf die Höhe haben wir uns danach gerichtet, was ein Taschenbuch bzw. ein kleines Spielzeug (z. B. die kleinste Packung Lego) pro Monat kostet. Ich denke, hier sollten Familien ganz ehrlich diskutieren und mit dem Kind gemeinsam überlegen, wieviel Geld der Familie zur Verfügung steht und was davon alles bezahlt werden muß. Wenn das den Kindern erklärt wird, kann es keine sehr schlimmen Taschengeldkonflikte geben, zumal dann nicht, wenn die Kinder veränderte Bedürfnisse immer mit ih-

ICH ERKLÄRE DEN HEUTIGEN FAMILIENRAT DAMIT FÜR ERÖFFNET – TAGESORDNUNGSPUNKT EINS: TASCHENGELD, PAPPA, DU HAST DAS WORT!
6.88

ren Eltern besprechen können. Sinnvoll ist sicherlich auch, auf einem Elternabend einmal nachzufragen, wie die Eltern der Mitschüler die Taschengeldfrage behandeln, besonders dann, wenn in der Schule Geld-Probleme auftauchen. Es gibt schon an Grundschulen Erpressungsfälle, »gekaufte Freunde« und ähnlich schlimme Geldgeschichten, die mit allen Beteiligten besprochen werden müssen.

In der Schule lernt man übrigens im zweiten Schuljahr, mit Geld zu rechnen. Aber schon Erstkläßler entwickeln erstaunliche Rechentechniken, wenn es um ihr Taschengeld geht. Man kann sie dabei unterstützen, indem man sie Woche für Woche auf einer Tabelle miterleben läßt, wie ihr »Geldberg« wächst; oder sie stapeln Mark auf Mark. Daß 10 Groschen den gleichen Wert haben wie eine Mark, läßt sich ebenfalls am besten im konkreten Umgang erfahren: Der Eismann akzeptiert beides.

Sehr spannend ist, innerhalb einer Familie zu beobachten, wer wie mit Geld umgeht. Sie werden schnell feststellen, daß Rationalität und Überlegungen dabei nicht die einzigen Kriterien sind, auch nicht bei den Erwachsenen. In den meisten Familien ist aufgeteilt, wer sich um Sparsamkeit und wer für Bedürfnisbefriedigung zu sorgen hat, was sich dann oft in den Kindern widerspiegelt. Bei uns ist unser ältester Sohn ein Vorbild an Sparsamkeit und gründlicher Überlegung. Sein zwei Jahre jüngerer Bruder ist ein »Verprasser«, wobei sich seine Bedürfnisse nach dem Angebot eines Lädchens neben der Schule richten, z. Zt. sind es Knaller. Wenn sich sein sparsamer Bruder igendwann etwas sehr Schönes leistet, gibt es Tränen bei dem Jüngeren, die wir aber sehr gut ertragen können, die im übrigen auch keinerlei lehrreichen Einfluß haben: Wenn die Knaller aus der Mode sind, gibt es Gummi-Dinosaurier oder Lakritzeschlangen. Wir haben uns damit abgefunden.

In Ausnahmefällen können unsere Kinder übrigens auch Taschengeld-Vorschuß erhalten. Wenn mir mein ältester Sohn etwas ausleiht, was auch vorkommt, zahle ich Zinsen, die wir gemeinsam festlegen. Grundsätzlich meine ich, daß in Familien über Geld geredet werden sollte, über Preissteigerungen und Mieterhöhungen genauso wie über Vaters Arbeitslosigkeit oder Gehaltserhöhung, Tarifkämpfe. Je offener und klarer über mögliche Auswege und Gegenmaßnahmen oder eben die harte Realität geredet wird, desto konfliktfreier und einsichtiger wird das Zusammenleben sich in einer Familie gestalten. Wichtig ist nur, daß Eltern ihren Kinder überzeugend vorleben, daß sie die Verantwortlichen und Erwachsenen sind: Kinder sollen über ihr Geld bestimmen und verfügen, die Macht und Ohnmacht eines Familienetats haben sie nicht zu verantworten.

Mithelfen im Haushalt?

Ich finde diese Frage sehr schwierig, denn einerseits erinnern sich wohl die meisten Erwachsenen in unserem Alter an das Übel des Helfenmüssens in ihrer Kindheit, andererseits denke ich nicht daran, den Haussklaven der Familie zu machen und meine Kinder zu bedienen. Hier spielen gewachsene Umgangsformen (die sich dann auch nicht von heute auf morgen ändern lassen) eine große Rolle, und Lösungen können nur auf einer gemeinsamen, für alle einsichtigen Basis gefunden werden. Miteinander zu überlegen, wie alle möglichst zufrieden sind, ist, denke ich, die einzige sinnvolle Regelung in dieser Frage.

Wenn Kinder erleben, daß eine Putzfrau gegen Bezahlung die Wohnung sauber macht, werden sie schwer zu motivieren sein, ihre Zimmer umsonst sauber zu halten. Wenn sich eine Mutter, ohne zu murren und ohne sich zu verweigern, zum Dienstmädchen der Familie machen läßt, wird kein anderes Familienmitglied auf die Idee kommen, etwas zu ändern. Deshalb bedaure ich weder die dienenden Mütter noch die helfenden Kinder. Hier haben sich alle auf Regeln eingelassen, auch wenn sie nicht ausgesprochen werden.

Sinnvoller, als stumm vor sich hinzuleiden, ist sicherlich, gemeinsam zu beraten, welche Arbeiten anfallen und wer sie übernehmen kann und will. In welchem Maß jeder einzelne beteiligt sein sollte, ist sicherlich in jeder Familie sehr unterschiedlich: Manche Familien essen z. B. täglich gemeinsam zu Hause, in anderen essen die Kinder im Hort und die Erwachsenen in der Kantine. In Haushalten mit mehreren Kindern entsteht mehr Dreck, und kreative Kinder produzieren mehr Unordnung als fernsehende. Manche Kinder spielen stundenlang im Freien, andere halten sich überwiegend zu Hause auf. In manchen Familien sind die Eltern wochentags fast nie zu Hause, in anderen ist immer jemand da. Kinder können auch einsehen, daß der Vater bestimmte Dinge, die sie sich von ihm wünschen, nicht machen kann, solange da noch ein Berg Wäsche aufzuhängen ist. Im Schulalter begreifen sie auch, daß in einem völlig chaotischen Zimmer das Spielen keinen Spaß mehr macht, weil man nichts findet und keinen Platz hat. Auch kann ich abends nicht ans Bett kommen, wenn ich auf Murmeln auszurutschen drohe oder nicht weiß, wo ich hintreten soll. Wichtig ist, hier ehrlich zu sein: Was kann, was will ich ertragen - und was nicht? Und wenn ich etwas nicht ertragen will, dann kann ich mir das auch nicht gefallen lassen. Schimpfen, so befreiend es manchmal wirkt, nützt nichts, wenn es ein »ewiges Geschimpfe« wird. Wer etwas ändern will, muß das tatsächlich tun.

Wenn ich nicht immer allein abwaschen will, muß ich das aussprechen. Hilft mir dann keiner, wasche ich eben nicht mehr ab. Spätestens wenn alles saubere Geschirr verbraucht ist, wird in der Familie darüber geredet werden müssen.

Nun sind Kinder aber keine Erwachsenen, sie können deshalb auch nicht wie Erwachsene arbeiten oder Verantwortung tragen. Sie unterliegen der Schulpflicht, und Lernen ist z. B. eine ihrer Aufgaben, die sie erfüllen müssen, wenn sie später einmal gleichberechtigt am Leben beteiligt werden sollen. Deshalb gehen z. B. schulische Dinge prinzipiell vor. Die Art der Belastung von Kindern durch die Schule ist aber von Schule zu Schule und Kind zu Kind sehr unterschiedlich. Das müssen Eltern bedenken. Auch haben Eltern die Pflicht, ihre Kinder zu kleiden und zu ernähren. Daß diese den Haushalt allein bewältigen und ihre Kleider selber in Ordnung halten, ist also nicht zu verlangen. Aber daß das Essen schneller auf dem Tisch steht, wenn Paul schon mal den Tisch deckt und Ute Saft aus dem Keller holt, ist einsehbar.

Eine gute Lösung - mit der neunjährige Kinder aber noch überfordert sind - ist, allen Familienmitgliedern reihum einen Haushaltstag zu überlassen. Wer »dran« ist, bekommt eine bestimmte Summe Geld zur Verfügung und ist dann für das Einkaufen, Kochen und Saubermachen der Küche verantwortlich. Es ist ja bekannt, daß Arbeit um so mehr Spaß macht, je selbstbestimmter sie ist. Auch auf die Gefahr hin, daß es in den ersten Wochen vielleicht viel Pudding und Pommes geben wird, scheint mir dieser Weg richtig. Neben einer Familienkonferenz zum Thema Arbeitsaufteilung empfehle ich als ersten Schritt den Kauf eines Kochbuches für Kinder oder die Anschaffung eines Ordners, in dem »kinderleichte« Rezepte gesammelt werden, die Ihr Kind vielleicht sogar aus der Schule mitbringt.

Kinderkochbücher gibt es in Taschenbuchausgaben oder in gebundener, z. T. sehr schöner Aufmachung. Mir hat Christina Bjök/Lena Anderson: »Linus läßt nichts anbrennen« besonders gut gefallen, weil Linus ein Junge ist und weil auch »Hintergrundwissen« vermittelt wird. Ganz sicher gibt es noch andere gute Bücher, die Kinder zum Selberkochen anregen. Die größte Bremse für kindliche Aktivität ist ein Anspruch an Perfektion, den Kinder noch nicht erfüllen können.

Wann ins Bett?

Daß ein müdes Kind in der Schule nicht aufpassen kann und auch über Tag Probleme bekommt, versteht sich von selbst. Aber Sie haben sicher auch schon erlebt, daß man unter dem Druck, jetzt einschlafen zu müssen, erst recht nicht einschlafen kann. Zum Einschlafen muß man sich entspannen. Hektische Szenen, Schimpfen und Toben sind keine guten Schlafmittel.

In unserer Familie hat sich bewährt, die Kinder von je her selbst bestimmen zu lassen, wann sie einschlafen wollen. Allerdings - und diese Regel ist ehern -, nach einer bestimmten Zeremonie (bei uns ist es das Vorlesen und anschließend ein Kuschel-Bett-Gespräch) läuft nichts mehr. Nicht mehr mit uns! Jedes Kind hat seine Lampe am Bett und kann, bei Bedarf, sich noch Bücher angucken, spielen oder sonst was machen, nur nicht uns Erwachsene stören. Meistens fehlt auch die Lust, denn wenn wir uns gerade noch ein paar Sachen vom Tag er-

LASS MICH NOCH KURZ ZUENDETRÄUMEN, PAPA!
88

zählt, die Haare gekrault und den Gutenachtkuß verteilt haben, ist Schlafen und Träumen das einzig Gemütliche. Ein Glas Wasser am Bett steht immer bereit, um Durst auch nach dem Zähneputzen noch unkompliziert zu löschen.

Um welche Uhrzeit sich das alles abspielt? Jedes Kind braucht verschieden viel Schlaf, und ein wichtiges Kennzeichen für Ausgeschlafensein wäre für mich, daß die Kinder zur Schulzeit von selbst aufwachen oder ohne Schwierigkeiten zu wecken sind. Wer sein Kind morgens aus dem Tiefschlaf reißen muß, hat es zu spät zum Einschlafen gebracht. Ich würde in einem solchen Fall die Einschlafzeremonie einfach nach vorn verschieben, ohne groß von Uhrzeiten zu reden. Nach dem Vorlesen wird ins Bett gegangen - fertig. Wenn sich das Kind dort noch nicht müde fühlt, kann es ja allein lesen - solange es will. Je mehr Sie dieses Selbstbestimmenkönnen betonen, desto eher verliert das lange Aufbleiben seinen Reiz, und das Kind kommt dazu, in der Geborgenheit und Ruhe seines Bettes zu spüren, wie müde es wirklich ist.

Übrigens lassen wir unsere Schulkinder abends auch allein, was sie ohne weiteres akzeptieren. In diesem Fall wird die Zeremonie eventuell vorgezogen. Ich kann aber gut verstehen, wenn z. B. Einzelkinder Probleme mit dem Alleinbleiben haben, denn sie sind ja wirklich allein. Ob ein Haustier, eine Nachbarin oder die Oma hier helfen können, müssen Sie selbst prüfen. Sicherlich werden Eltern auch aufgrund ihrer jeweiligen eigenen kindlichen Erfahrungen mehr oder weniger bereit sein, auf die Wünsche des Kindes einzugehen. Gegenseitiges Tyrannisieren läßt sich am besten durch ein Gespräch in Ruhe verhindern, in dem Vater, Mutter und Kind besprechen, was sie akzeptieren können und was nicht. Wenn die verschiedenen Interessen so zu gemeinsamen werden, wird sich auch abendliche Ruhe einstellen.

Fernsehkonflikte

Da dem Fernsehen ein eigenes Kapitel gewidmet ist, möchte ich hier nur kurz darauf eingehen. Wenn nach einer Umfrage des Instituts für Schulentwicklungsforschung jedes dritte Kind im Alter von acht bis elf Jahren ein eigenes Fernsehgerät besitzt, dann hat jedes dritte Kind bestimmt keine Fernsehkonflikte, da es sehen kann, was es will. In den Familien, wo der Fernseher geteilt werden muß, wird es mit zunehmendem Alter Konflikte geben, denn sobald Kinder die Fernsehzeitung lesen können, möchten sie sich auch Sendungen aussuchen. Wie weit sie sich durchsetzen, hängt weniger vom Fernsehprogramm als vom allgemeinen Familienklima ab - die Palette reicht hier vom Eingehen auf kindliche Interessen bis zum Mord.

Eltern sollten genau definieren, wie sie den Fernsehapparat sehen: als ihr persönliches Eigentum, das den Kindern gelegentlich zur Verfügung gestellt wird, oder als allgemeinen Familienbesitz, um den gekämpft werden darf. Wenn klar ist, daß der Fernsehapparat Pappa gehört, dann darf ihn auch keiner bei der Sportschau stören. Handelt es sich um ein Gerät für die ganze Familie, sollte sie auch gemeinsam beraten, wer wann welche Sendung sehen will und warum. Hier muß dann um Begründungen gerungen und nach Kompromissen gesucht werden. Und ehe man sich prügelt, kann vielleicht Paul bei den Nachbarn gucken gehen oder bei der Oma gegenüber. Denkbar wäre natürlich auch, daß Paul zwar heute die Sendung nicht sehen darf, dafür aber morgen eine andere, die auch schön ist. Dafür geht Papa heute mit ihm Schlittschuhlaufen...

Und wenn die Kinder - nach Ihrer Meinung - zu viel fernsehen? Ich denke, diese Frage können Sie sich nur innerhalb Ihrer Familie selbst beantworten. Wie kommt es, daß Ihre Kinder so viel fernsehen? Wer in der Familie sieht außerdem noch viel fern? Welche anderen Möglichkeiten als Fernsehen haben die Kinder, um sich lustvoll und entspannend zu beschäftigen? Wenn Kinder »zuviel« fernsehen, ist das ein Problem der Familie und nicht der Kinder. Es kann auch nur von der Familie gelöst werden.

Ich bin auch nicht der Meinung, daß Fernsehen ein Fenster zur Welt ist. Unbestritten, es könnte ein Fenster zur Welt sein, aber nicht, solange es - in der Bundesrepublik - kein wirklich demokratisches Fernsehen gibt, sondern eines, das den Geset-

zen der »freien Marktwirtschaft« und dem Diktat der Einschaltquoten unterliegt. Ich halte es für eine Überforderung von Kindern und Eltern, jeden Werbespot auf seinen Wahrheitsgehalt hin zu untersuchen und in jedem Billigfilm die ideologischen Inhalte oder Lebenslügen aufzudecken.

Wenn Kinder unsere Welt verstehen lernen sollen, sind sie auf Erwachsene angewiesen, die ihnen Orientierung und Hilfestellung geben, die ihnen Weltansicht vermitteln, ohne zu behaupten, daß es die einzig mögliche ist. Das erfordert Zeit und Geduld, auch einen überlegten Umgang mit dem Medium Fernsehen.

Kleidung

In unserer Gesellschaft ist Kleidung schon lange nicht mehr ein Schutz vor Regen, Kälte oder übermäßiger Hitze... Kleider machen bekanntlich Leute. Neben zweckmäßiger und modischer Kleidung gibt es viele Kleidungsstücke, die dazu dienen, ein bestimmtes Lebensgefühl zu zeigen oder eine Zugehörigkeit zu bestimmten gesellschaftlichen Gruppen.

Kinder sind viel genauere Beobachter als Erwachsene und sehen oft schon im Vorschulalter, wozu Kleidung gut ist und was sie bewirkt. Selbst wenn Mama nur Jeans und alte Pullover trägt, kann Klein-Eva nach rosa Strumpfhosen und einem hübschen Kleidchen verlangen. Sie hat das nicht nur im Fernsehen beobachtet, sondern auch schon im Schaufenster, im Kindergarten, in der Vorschule und Schule - und vor allem: Sie hat sicherlich bemerkt, wie sich Anja in dem schönen Kleidchen gibt und fühlt oder wie Erwachsene auf sie reagieren. Vielleicht hat Eva auch einfach nur Geschmack entwickelt, findet etwas schön und will es an sich selbst ausprobieren.

Na und? Ich kann nichts Verwerfliches daran finden. Ich meine, Schulkinder sollten anziehen dürfen, was sie wollen, und beim Kauf ihrer Kleidung mitbestimmen. Die einzige Grenze, die es für mich dabei gäbe, wäre die finanzielle. Man kann Kindern sehr wohl erklären und verständlich machen, daß Geld für drei Jeans, aber nicht für sechs da ist; und wenn die rosa Strumpfhosen schneller zerreißen als andere, haltbarere, dann muß sich Eva eben genau überlegen, wann sie die rosa Strumpfhosen gefahrlos anziehen kann und wann nicht. Und wenn in manchen Familien so wenig Geld da ist, daß nur gebrauchte Kleidungsstücke in Frage kommen, dann können die Eltern gemeinsam mit dem Kind überlegen, ob es sich zum Geburtstag statt Spielzeug etwas ganz Schönes zum Anziehen wünscht.

Kleidung kann sehr wichtig sein, das hängt ganz von den Erfahrungen ab, die der einzelne damit macht. Darum sollte sie auch Gesprächsthema sein: Warum trägt Mama nur Jeans und Frau Meier von nebenan immer Stöckelschuhe? Warum muß Papa manchmal oder täglich einen Schlips umbinden? Mag er das - oder nicht ? Warum wollen alle Kinder in deiner Klasse unbedingt Känguruh-Turnschuhe haben? Ist es richtig, sich auf Demonstrationen mit Überziehkapuzen zu »vermummen«? Warum macht es so viel Spaß, sich zu verkleiden? Wie findest du Schminke?

Eltern sollten ihren Kindern immer wieder ihre eigene Meinung sagen, ohne zu verlangen, daß die Kinder sie übernehmen. Das Wichtige an der Kleidungsfrage finde ich, daß Kinder lernen, ihren eigenen Geschmack zu entwickeln und zu einer Persönlichkeit heranzuwachsen, die das trägt, was sie mag, ohne sich dem Diktat anderer unüberlegt zu unterwerfen.

Richtig finde ich auch, Kindern zu erzählen, daß in verschiedenen Ländern durchaus unterschiediche Kleidungsprobleme bestehen, daß es Kindern, die vor Armut oder nach Naturkatastrophen frieren, wirklich egal ist, ob der Pullover Streifen hat oder nicht. Der moralische Zeigefinger dabei ist überflüssig, denn wir leben nicht in bitterster Armut, aber unbedingt notwendig ist Information, die selten genug in der Schule, im Fernsehen oder in Büchern gegeben wird. Mehr Wissen relativiert Probleme. Wenn Kinder zu einer Überzeugung gelangt sind, haben sie gleichzeitig mehr Selbstbewußtsein entwickelt und sagen nächstes Mal selber »Na und?«, wenn sie auf ihre unmodische Hose hin angepöbelt werden. Dieser Prozeß braucht aber Zeit, viel Zeit - und die Geborgenheit einer Hose, in der sie allen Klassenkameraden gefallen, oder die Wohltat eines Pullovers, der nicht abgelehnt wird, sind eine gute Grundlage, die Pflanze Selbstbewußtsein gedeihen zu lassen. Eines Tages ist Eva aus den unpraktischen Kleidchen herausgewachsen.

Spielzeug, das Eltern nicht mögen und Kinder haben wollen

Konflikte ums Spielzeug? Sie wissen schon, was ich meine. Diese Plastik-Industrie-Objekte, die wir pädagogisch nachdenklichen Eltern nicht mögen: Barbie-Puppen, Masters (beides wird vom selben US-Konzern hergestellt), Revolver, Schießgewehre und ... Ich kaufe meinen Kindern dieses Zeug nicht. »Das könnt ihr nicht von mir verlangen«, erkläre ich ihnen. Und sie reagieren milde. So, als ob ich in dieser Beziehung eben mit Nachsicht zu behandeln wäre. Und das genügt mir eigentlich auch: Meine Kinder sollen wissen, daß bestimmte Dinge für mich nicht akzeptabel sind und daß ich da klare Grenzen habe und ziehe. Ich erkläre auch, warum. Es ist wichtig, daß Kinder ihre Eltern als Menschen mit Standpunkt und Weltsicht kennenlernen und nicht als hilflose Wesen. Natürlich bin ich bereit, meinen Standpunkt zu ändern, wenn ich überzeugt werde, aber ich habe einen Standpunkt - und Sie werden Ihren haben.

Wenn meine Kinder sich die Dinge »hintenrum« besorgen, akzeptiere ich das. Bei uns gibt es dazu zwei Möglichkeiten: Übers Taschengeld oder über Oma, denn Oma kauft alles. Oma ist eben anders, und das wird von uns allen akzeptiert. Oma schenkt auch die Masters, die eine Zeitlang eine Rolle spielten, wenn auch nie die Hauptrolle. Jetzt ruhen sie in einem Karton mit der Aufschrift »Figuren« und dürfen nur noch selten ans Tageslicht. Geschossen wird bei uns inzwischen auch - mit Wasserpistolen oder Selbstgebautem. Nur das Ansparen auf ein nagelneues Korkengewehr wurde fallengelassen, weil inzwischen neben der Schule Knallplätzchen erhältlich waren. Die knallen ohne Gewehr.

Ich bin inzwischen gelassener geworden: Kinder müssen ihre eigenen Erfahrungen im handelnden Umgang mit den Objekten machen, die sie - aus welchen Gründen auch immer - heiß begehren. Wenn Sie Konflikte um Spielzeug haben, entscheiden Sie so, wie Sie es für richtig halten, und erklären Sie Ihrem Kind, warum. Ich glaube nicht, daß Sie etwas falsch machen können.

Langeweile

Ich erinnere mich noch sehr gut, wie ich als Kind meine Eltern um ein Haustier bat mit der Begründung: »Wenn ich das habe, werde ich mich nie mehr langweilen!«

Ich langweilte mich also hin und wieder, und meine Kinder langweilen sich inzwischen auch. Gelegentlich. »Weißt du, was ich machen könnte?« Ich weiß jede Menge! Und je länger meine Liste wird, um so aggressiver werde ich, denn ich habe soooo viel zu tun! Zwar reichen meine Vorschläge von Abwaschen bis Zaubern - aber inzwischen habe ich längst gemerkt, daß Langeweile etwas ganz anderes ist: nicht der Mangel an Ideen, was man tun könnte, sondern ein Zustand, in dem man zu nichts Lust hat, ein Zustand, in dem man abschalten und abschlaffen möchte - jedenfalls nicht aktiv sein.

Mir ist auch aufgefallen, daß Langeweile erst seit der Schulzeit meiner älteren Söhne regelmäßig auftritt. Sie hängt wohl mit den Anforderngen zusammen, die die Schule und das längere Zusammensein mit so vielen Kindern an sie stellt. Deshalb habe ich jetzt aufgehört, Vorschläge gegen die Langeweile zu machen. Im Gegenteil, ich unterstütze sie von Herzen.

Wenn mich mein Sohn wieder fragt: »Weißt du nicht, was ich machen könnte?«, dann sage ich gelassen: »Ich weiß zwar eine ganze Menge, aber es ist besser, du legst dich auf dein Bett und langweilst dich gründlich.« Er verzieht sich dann maulend und taucht nach ein bis zwei Stunden mit einer eigenen Idee wieder aus der Versenkung auf.

Ich glaube, viele Erwachsene - darunter auch ich - langweilen sich viel zu selten. Das Haustier - einen Wellensittich - habe ich übrigens bekommen. Aber ob ich mich danach weniger gelangweilt habe, weiß ich nicht mehr.

Was tut das Kind am Nachmittag?

Interessen wecken - Neigungen fördern

Viele Kinder haben, wenn sie in die Schule kommen, schon Interessen: sei es, daß sie gern malen, sooft wie möglich Fußball spielen, singen oder schon ein Instrument spielen, Tiere pflegen, Pflanzen züchten, basteln... Wenn Eltern die Möglichkeit haben, ihren Kinder verschiedene Angebote zu machen, sie Neues kennenlernen lassen, wenn sie mit Anerkennung auf die geweckte Neugier reagieren und sich Zeit nehmen, um das Kind einzuführen oder hinzuführen, bis es seinen Interessen selbständig nachgehen kann, fördern sie nicht nur seinen wachen Verstand und seine Selbständigkeit, sondern schaffen auch eine Grundlage für später: Wer als Kind schon eigenen Interessen nachgehen kann, wird als Jugendlicher nicht »rumhängen«.

Während es in den skandinavischen Ländern in Verbindung mit der Schule für jedes Kind vielfältige Möglichkeiten gibt, seinen besonderen Interessen nachzugehen oder bestimmte Begabungen zu fördern, ist es bei uns, gerade für Kinder aus weniger wohlhabenden Familien (das ist die Mehrheit) und Kinder auf dem Land oft schwierig, an Kursen teilzunehmen oder einem Turnverein beizutreten. Turn- und Schwimmvereine sind noch relativ billig, private Sportschulen dagegen für viele Familien unerschwinglich, ebenso Instrumentalunterricht, Ballett- oder Tanzkurse. Viele Sportarten oder Möglichkeiten der kreativen Betätigung können Kinder auch gar nicht kennenlernen, weil es weit und breit keine Angebote gibt.

Töpferkurse, Klavierunterricht, Rhythmik, Judokurse oder naturwissenschaftliche Angebote sind Luxus und bleiben einer kleinen, kulturell vorgebildeten und vergleichsweise wohlha-

benden Kinderschar vorbehalten. Ich will damit nicht sagen, daß es für »normale« Kinder unmöglich ist, außerschulische Bildungsangebote wahrzunehmen. Ich bin allerdings entschieden der Meinung, daß eine Vielzahl Kinder für bestimmte kreative oder sportliche Möglichkeiten zu begeistern wäre, wenn die entsprechenden Angebote existierten. Jugendliche mit »Null-Bock« waren Kinder mit »Null-Angebot«. Ich kenne verschiedene Mütter, die - wie eingangs nach dem Stern zitiert

- ihre Kinder mit Autos von Veranstaltung zu Veranstaltung fahren, und frage mich: Was ist mit den Berufstätigen, mit denen, die keinen Zweitwagen besitzen und über geringes Einkommen verfügen? Sollen die sich darauf beschränken, in den zahlreich vorhandenen Video-Shops Filme auszuleihen?

Der einfachste Weg, Kindern Möglichkeiten zu bieten, ihren Neigungen nachzugehen, wären Arbeitsgemeinschaften an den Schulen. Die meisten Schulen liegen im Wohngebiet der Kinder, können von ihnen also selbständig erreicht werden. Die Räume sind den Kindern vertraut und lösen keine überflüssige Angst aus. Hier sind auch Turnhalle und (wahrscheinlich) Musikraum vorhanden.

Wenn man bedenkt, daß in der Bundesrepublik Zehntausende arbeitsloser Lehrer und Erzieher sehnlichst darauf warten, ihre musikalischen, sportlichen, künstlerischen oder sonstigen Fähigkeiten an Kinder weiterzuvermitteln (Warum gibt es keine Mathe-, Bio- und Experimentierkurse, Informationsgruppen oder Heimatkunde-AGs??), dann wird deutlich, welches kulturelle Potential unseren Kindern vorenthalten wird. Mit dem altbekannten Argument, es sei kein Geld vorhanden, werden junge Arbeitslose in die Verzweiflung getrieben und Millionen Kinder um eine umfassende Allgemeinbildung betrogen. »Unrealistische« Forderungen zu stellen, d. h., seine Träume als realisierbar im Auge zu behalten, hilft, nicht in Resignation zu verfallen. Es geht!

An Schulen, wo schon heute ein Überhang von Lehrerstunden besteht, gibt es vereinzelt Arbeitsgemeinschaften. Sie bestimmen das Leben an einer Schule ganz entscheidend und bewirken, daß Kinder und Eltern die Schule als »ihre Schule« erleben. Vielleicht können Sie sich an Ihrer Schule für eine Arbeitsgemeinschaft »Aquarium«, für einen Sing- und Spielkreis, eine Flötengruppe, für eine Naturforscher-AG und eine Himmelskunde-Gruppe stark machen. Vielleicht gibt es Eltern, die sich hier engagieren, oder arbeitslose Lehrer, die auf Honorarbasis mitmachen könnten.

Aber auch ohne Arbeitsgemeinschaften müssen Kinder nicht versauern. Pflanzen lassen sich in jeder Neubauwohnung ziehen, ein Aquarium läßt sich - mit einigem finanziellen Aufwand - auch zu Hause einrichten, und schließlich kann die Tochter mitmachen, wenn Papa das Auto repariert. Der Sohn kann kochen und stricken lernen.

Ich meine nicht, daß das ein Ersatz für Arbeitsgemeinschaften oder Kurse ist. Eltern können sich aber auf diese Weise - vielleicht auch gegenseitig - helfen. Ich bringe deinen Kindern das Häkeln bei, du unterrichtest meine im Blockflötenspiel.

Oft ergeben sich Interessen aus einem interessant gestalteten Unterricht. Beim Thema »Glühbirne und Stromkreis« zum Beispiel werden fast alle Kinder begeistert einen Nachmittagskurs über Elektrizität und ihre Probleme mitmachen, wo ein Klingelspiel hergestellt werden kann oder ein elektrisches Lexikon, wo Windräder gebastelt und Solarzellen erprobt werden können. Aus dem Thema »Stockente« kann sich eine Tierforschergruppe entwickeln. Heimatkundliche Themen ergeben ebenfalls Anregungen zum genaueren Nachsehen.

Wichtig bei all diesen Veranstaltungen ist, daß die Kinder sich freiwillig zur Teilnahme entscheiden und selber mitmachen, d. h. mithandeln, mitentscheiden, mitausprobieren, und nicht nur zugucken dürfen. Wenn es sich um Kurse handelt, die bezahlt werden müsen, empfiehlt es sich, eine kostenlose Probestunde oder eine angemessene Kündigungsfrist zu vereinbaren, weil Kinder oft unrealistische Vorstellungen von einer Sache haben oder weil der Kursleiter nicht so nett ist, wie sie es erwartet haben. Älteren Kindern darf man allerdings zumuten, eine Sache, für die sie sich entschieden haben, auch zu beenden, ob es nun Spaß macht oder nicht.

Die richtige Balance zwischen Anregung, Förderung und Herausforderung herzustellen ist nicht immer einfach und fällt Eltern, die ihrem Kind gegenüber bestimmte Vorstellungen und unbewußte Leitbilder aus ihrer eigenen Kindheit haben, oft schwerer als Lehrern von außerhalb der Familie.

Kinder und Politik

Kinder sind politisch immer mißbraucht worden. Wer sich selbst noch keine Informationen verschaffen kann, wird von Erwachsenen informiert. Nur allzu verständlich, daß der Erwachsene seine Weltsicht an das Kind weitergibt. Der Mißbrauch beginnt da, wo Kinder zu Zwecken der Erwachsenen eingesetzt werden, die ihnen selbst nur Nachteile bringen: Extreme Beispiele dafür sind die Kriegshetze im Kaiserreich, wo selbst Puppen uniformiert wurden und Kriegsbegeisterung wecken sollten, oder das Verheizen von Kindern an der Front in den letzten Kriegsjahren in Nazideutschland.

Anknüpfend an solche schrecklichen Erfahrungen, meinen viele Eltern und Erzieher, Kinder von Politik fernhalten und ihnen eine heile Kinderwelt gönnen zu müssen. Ich halte diese Ansicht für falsch, weil ich sie illusorisch finde. Auch wenn Kinder nicht jeden Abend die Tagesschau sehen - die ja sehr viel zeigt und sehr viel verschweigt -, bekommen sie politisch im Alter zwischen sechs und neun allerhand mit: Sie können Wahlplakate lesen, schnappen Gespräche der Erwachsenen auf, reden in der Schule mit Klassenkameraden über das, was Mami und Papi gesagt haben, blättern Illustrierte durch und lesen die Überschriften der Tageszeitung - zumindest am Kiosk. Spätestens im dritten und vierten Schuljahr werden auch in der Schule politische Themen angesprochen, sei es aus aktuellem Anlaß, sei es im Rahmen des Sachkundeunterrichts, z. B. im Zusammenhang mit »Heimatkunde«.

Kinder sind - durch ihre Geburt in eine bestimmte Familie unter bestimmten Lebensverhältnissen und mit bestimmten politischen Ansichten - politische Wesen. In vielen Veröffentlichungen ist belegt, daß Kinder in diesem Alter auch schon bestimmte Meinungen über Politik haben. Fast alle kennen den Bundeskanzler und finden eine bestimmte politische Partei »blöd« oder »toll«. Fast ausnahmslos decken sich die Ansichten mit denen der Eltern, was ja völlig normal ist. Wer sonst sollte Kindern Politik erklären?

Im Unterricht wird der Einfluß des Lehrers sehr von seinem eigenen Engagement abhängen. Eine in der Frauenbewegung aktive Lehrerin behandelt Themen wie Männerberufe und Frauenberufe anders als eine Gleichgültige und wird sogar in Geschichten, die alte Rollenklischees reproduzieren, die Kinder zum Nachdenken und Verändern anregen.

Eine im Umweltschutz engagierte Lehrerin wird mit den Kindern vielleicht Fehler im Sachkundebuch entdecken, Versuche machen, die lebenslang im Gedächtnis bleiben können, und den Kindern Möglichkeiten des eigenen Handelns zeigen. Da kann es schon vorkommen, daß manche Achtjährige zu Hause aufmuckt: »Frau Z. hat es aber so gesagt!«

Ich denke, daß Eltern nichts Besseres passieren kann, als daß sie durch die Fragen ihrer Kinder oder durch die von ihnen erlebten Widersprüche anfangen, mit ihren Kinder zu diskutieren und Probleme neu zu überdenken, vor allem gemeinsam Informationen zu beschaffen und den Dingen auf den Grund zu gehen. Das Problem heutiger Kinder liegt darin, daß sie einer Fülle von ungeordneten Informationen ausgesetzt sind, die sie durcheinanderbringen, daß aber von seiten der Erwachsenen zu wenig Bereitschaft da ist, diese gemeinsam zu klären, Überblick und Zusammenhänge herzustellen. Nur durch Ihr Handeln und Tun können Sie den Kindern Wegweiser und Leitbild sein.

Der politische Werdegang eines Kindes hängt entscheidend von der häuslichen Atmosphäre und dem Beispiel der Eltern ab. Eltern, die ihren Kindern dogmatisch bestimmte Ansichten überstülpen, Meinungen unbegründet in den Raum stellen, wenig differenzieren - und vor allem selber nicht sichtbar danach handeln -, werden einige Jahre später erleben, daß ihre Kinder nach anderen »wahren« Wegen suchen. Eltern dagegen, die offen mit ihren Kindern diskutieren, ihre Ansichten begründen und sichtbar danach handdn, werden in ihren zu

Jugendlichen herangewachsenen Kindern Partner haben, die Probleme besprechen, Ansichten diskutieren und Entscheidungen treffen können. Der politische Bruch mit dem Elternhaus, wie ihn in meiner Generation viele vollzogen haben, bleibt dann aus.

Sollen sich Kinder politisch organisieren?

Auch diese Frage kann man nicht dogmatisch beantworten. Es hängt von den konkreten politischen Gegebenheiten ab. Wenn in einem Ort eine Gemeinde aktive Kinderarbeit betreibt, christliche Pfadfinder oder Naturfreunde sich für Umweltschutz organisieren und ich als Elternteil mit den Inhalten dieser Arbeit einverstanden bin, warum sollte ich mein Kind abhalten, dort mitzumachen, wenn es sich das wünscht?

Außerdem ist mit der Organisation des Kindes noch lange nicht gesagt, wie es sich später im Leben entscheiden wird. Oft steht und fällt die Begeisterung mit einem Gruppenleiter oder einem Freund, der plötzlich wegzieht. Deswegen denke ich, daß das Vorbild der Eltern weit bedeutsamer für die Entwicklung eines Kindes ist.

Unsere Kinder sind nicht organisiert, aber sie haben eine tiefe emotionale Beziehung zu unseren politischen Ansichten. Sie hören mit Leidenschaft die Lieder des Grips-Theaters und vieler anderer Sängerinnen und Sänger, die die Probleme dieser Welt beim Namen nennen und trotzdem Mut machen, die Kinder nicht für dumm verkaufen, sondern ihnen Wichtiges sagen und sie gleichzeitig zum Lachen bringen - vor allem aber Hoffnung und Lust auf ein besseres Leben verbreiten. Auf Reisen nehmen wir immer unsere Liederbücher mit und singen die Lieder aus den Bauernkriegen bis zur Friedensbewegung von heute, wie es uns Spaß macht. So vergehen auch längere Autofahrten mit drei Kindern streßfrei.

Nie würde ich Kinder überreden oder zwingen, sich einer

bestimmten Gruppe anzuschließen, und nie würde ich Kindern meine eigene politische Haltung verschweigen. Wichtig finde ich, Kindern klar zu machen, daß diese Welt von Erwachsenen gemacht und regiert wird und daß diese auch alleine die Verantwortung dafür tragen.

Vom Umgang mit der Angst

Angst vor einem Atomkrieg, Angst vor Umweltkatastrophen und schlimmen Unfällen haben nicht nur Erwachsene, sondern auch Kinder. Viele Erwachsene reden mit ihren Kindern nicht darüber, in dem guten Glauben, sie dadurch schützen zu können. Andere drohen ihren Kindern - nach Art der Zeugen Jehovas - mit dem Weltuntergang, wenn sie sich nicht an irgendwelchen Aktionen beteiligen. Ein solches Verhalten von Eltern, auch in bezug auf die Friedensbewegung, ist alptraum-

erzeugend. Es belädt Kinder mit einer Schuld, die sie real in keiner Weise haben, aber schwer wieder loswerden. Das entschiedene Engagement für Frieden und Umweltschutz ist sicherlich notwendig. Es ist auch wichtig, viel mit seinen Kindern über die eigene Aktivität und über die eigenen Ängste zu reden. Welchen Beitrag Kinder jedoch selber leisten wollen, ist allein ihre Entscheidung.

Viele Kinder haben Angst vor Krieg und Umweltkatastrophen. Neuere Untersuchungen zeigen, daß die Angst vor Arbeitslosigkeit am Ende dieses Jahrtausends bei Kindern besonders verbreitet ist. Immer wieder weisen Ärzte und Psychologen darauf hin, daß es notwendig ist, mit Kindern über ihre Ängste zu reden, sich Zeit für sie zu nehmen und ihnen zuzuhören. Gerade das Problem Arbeitslosigkeit wird sich in den nächsten Jahrzehnten nicht lösen lassen. Wir können sie aber als Chance begreifen, eigene Kreativität zu entfachen und neue Ideen entwickeln.

Angst gehört zum Leben – und läßt sich überwinden. Dabei brauchen Kinder Unterstützung und Hilfe von Erwachsenen. Gerade jüngere Kinder kommen aufgrund von Halbinformationen oder Mißverständnissen oft zu angsterrregenden Gedankenkreisläufen, die sich durch Gespräche oft auf ein erträgliches Maß reduzieren lassen. Wenn Erwachsene Kindern zeigen, daß sie sie ernst nehmen und auch bereit sind, nach Lösungen zu suchen und etwas zu tun, hilft das, ein Klima des Vertrauens zu schaffen.

Wenn sich Eltern und Kinder trotz gemeinsamer Gespräche von Angst gepeinigt und ohnmächtig fühlen, sollten sie einen Therapeuten aufsuchen und sich dort Hilfe holen. Angst haben wir alle - aber sie muß nicht zur täglichen Qual werden.

Kinder auf der Straße - Die Zeit der Banden und Gruppen

Als ich zwischen 6 und 9 war, war es noch üblich, auf der Straße zu spielen. Zuerst wohnten wir im Dorf, später in der Stadt. Aber heute? Ganz sicher genießt das jüngere Schulkind den Schutz der vertrauten Umgebung und die Nähe der Eltern, spielt mit wenigen, bestimmten Freunden. Aber auch ältere Kinder bevölkern nach meinen Beobachtungen kaum noch die Straßen, schon deswegen nicht, weil sie entweder im Hort untergebracht, der Obhut des Fernsehers ausgesetzt oder - in bestimmten Kreisen - von Müttern in Zweitwagen von Kurs zu Kurs oder Veranstaltung zu Veranstaltung gefahren werden.

Die Straßen sind - im Vergleich zu früher - weitaus gefährlicher und langweiliger geworden, Spielplätze aber sind für ältere Kinder nicht mehr sehr attraktiv. Mit acht oder neun Jahren wird deutlich, daß sich die Kinder von ihren Eltern abzulösen beginnen, »frech« werden, nicht mehr alles akzeptieren, die Beziehung zu Gleichaltrigen verstärkt suchen und - das wird jeder Vater und jede Mutter zumindest beim Kindergeburtstag beobachten - ein ausgesprochenes Gruppenverhalten an den Tag legen. Jetzt wird getuschelt und gekichert, getobt und gebalgt, geguckt, verglichen...

Dieser Prozeß der Ablösung ist für Kinder ungeheuer wichtig, und es wird Eltern oft schwerfallen, sich an die neue Situation zu gewöhnen. Das heranwachsende Kind aber macht in seiner Gruppe Erfahrungen, die ihm die Familie nicht ersetzen kann: Es lernt neue Spiele, Sprüche und Witze, lernt, sich selber Anerkennung zu verschaffen, mit anderen zusammenzuhalten, zusammenzuarbeiten, die Regeln der Gruppe zu akzeptieren, sich aneinander zu orientieren, Geheimnisse einzuhalten, eigene Bedürfnisse zurückzustellen und sich vor Gleichaltrigen zu rechtfertigen. Bei allen Bedenken, die Sie gegen Spiele auf der Straße, gegen einzelne Gruppenmitglieder und den Verlust an Kontrollmöglichkeiten und Zuwendungen von Ihrem Kind haben mögen, die Erfahrungen, die Ihr Kind in seiner Gruppe macht, sind nicht zu ersetzen und für seine Entwicklung wichtig.

Bedenken sollten Sie vor allem, daß Ihre mahnenden Worte dann um so mehr Gewicht bekommen, wenn Sie sie nicht ständig wiederholen. Es ist besser, einmal und in Ruhe in einer entspannten Situation alle Befürchtungen und Verbote zu besprechen. Mehr können Sie nicht tun. Eltern, die Verständnis für die neuen Moden ihrer Kinder aufbringen, die über harmlose Streiche lächeln und sich nicht als Spielverderber hervortun, werden von den Kindern ins Vertrauen gezogen, umgekehrt werden diese Kinder nachdenklich, wenn ihre Eltern ernste Warnungen oder klare Verbote aussprechen.

Sollte Ihr Kind also zu den Glücklichen gehören, die noch auf der Straße spielen können und wollen, betrachten Sie das als einen wichtigen Lern- und Erfahrungsort und die Gruppe oder Bande als eine echte Bereicherung des Kinderlebens.

Alte und neue Freunde

Freundschaften können sich schon sehr früh entwickeln, lange vor dem Schulalter. Aber mit sechs oder sieben Jahren schließen Kinder festere, wichtige Freundschaften, verlieben sich sogar hin und wieder und werden unabhängiger von den Eltern - wenn diese das zulassen.

Mit Eintritt in die Schule finden Kinder viele neue Gesichter vor, und so schön es sein kann, gemeinsam mit den Freunden aus dem Kindergarten eingeschult zu werden, so aufregend und schön ist es doch auch, die neuen und unbekannten Kinder zu beobachten und kennenzulernen. Gerade von Einzelkindern oder Kindern, die bisher hauptsächlich mit ihren

Eltern zu tun hatten, kann die Schule wegen ihrer Kontakt-möglichkeiten geradezu als Befreiung erlebt werden. Schon nach den ersten Tagen bahnen sich oft Freundschaften an - manchmal rätselhaft für Lehrer und Eltern, warum sich gerade diese beiden fanden.

Die wohl größte Unsitte mancher Eltern ist es, Freundschaften verbieten zu wollen oder die Freunde ihrer Kinder nach ihren Kriterien auswählen zu wollen. Diese Versuche entmündigen nicht nur die Kinder und verhindern, daß sie selber Erfahrungen machen dürfen, sie schlagen außerdem fehl. Schließlich sollen die Kinder zusammen spielen, nicht die Eltern.

Ich habe immer wieder erlebt, daß sich meine Kinder Freunde erwählten, die ich nicht in Betracht gezogen hätte, und ich habe meine Versuche, meine »soziale Ader« den Kindern aufzudrängen, sehr bald aufgegeben. Es hat keinen Zweck und bringt nur Enttäuschungen, Außenseiter einzuladen oder Kinder aus armen Familien in unser wohlbestücktes Kinderzimmer zu führen. Die sozialen Probleme unserer Gesellschaft können nicht im Kinderzimmer unter Anleitung von Erwachsenen gelöst werden, das haben mir meine Kinder deutlich beigebracht. Ich habe festgestellt, daß Erwachsene dazu neigen, die Probleme, die sie selber nicht bewältigen können, ihren Kindern aufzuladen. Dies stellt aber eine ungeheure Überforderung dar. Bestimmte Kinder, die mir gefallen, gefallen meinen Kindern eben gerade nicht - und das hat gute Gründe. Kinder haben ihre eigenen Kriterien, und nicht selten kann man von ihrer Unbefangenheit lernen. »Zickigkeiten«, Enttäuschungen, Gemeinheiten, Zank und Vertragen müssen Kinder selber erleben und durchleiden. Sie wachsen daran. Eltern können hier allenfalls beraten, ihre Meinung sagen, trösten.

Warum Spielen noch so wichtig ist

Manche Eltern meinen, mit dem Schuleintritt müsse das »Verspieltsein« aufhören. Ich bin da anderer Meinung. In unserer Gesellschaft, in der Kinder vom Produktionsprozeß ausgeschlossen sind (man mag sich darüber streiten, ob dies gut ist) und gezwungen werden (Schulpflicht), sich die Kulturtechniken und Erfahrungen, die allgemein als wichtig angesehen werden, anders anzueignen, also einen großen Teil des Lebens in der Schule zu verbringen, werden Kinder sehr einseitig belastet und zugleich mit vielen neuen Erfahrungen konfrontiert.

Spiele, die die Kinder in Auseinandersetzung mit ihrer Umwelt aus sich selbst heraus produzieren, sind ungeheuer wichtig, um diese neuen Erfahrungen zu verarbeiten, sich mit neuen Situationen auseinanderzusetzen, einseitige Belastungen aufzuheben und zu ergänzen (z. B. durch wildes Herumtoben und Kräftemessen), sich Räume zu schaffen, in denen sie bestimmen und eigenständig handeln können.

Verwirrt und fasziniert habe ich immer wieder beobachtet, wozu Kinder im Spiel fähig sind, welche ungeheure Energie sie entfalten, welche Ausdauer und Konzentration, welche Leidenschaft und Hartnäckigkeit. Es fällt - gerade in zu engen Wohnungen - vielleicht nicht immer leicht, diese Spiele zu akzeptieren. Ich selber habe aber endlich begriffen, daß solche Spiele der Schlüssel zu dem seelischen Gleichgewicht sind, das Kinder brauchen, um ihr Leben bewältigen zu können. Kinder müssen spielen, damit sie all ihre Ängste und Frustrationen, gestaute Aggressionen, Verluste und Erlebnisse verarbeiten können, damit sie mit ihrer Umgebung fertig werden und in ihren besonderen Lebensumständen glücklich bleiben können.

Medienkindheit - oder das Ende der Kindheit?

Die meisten Familien - so ein berühmter Pädagoge »bestehen aus zwei Eltern, einem oder mehreren Kindern und einem Fernsehgerät.«[1] Das Fernsehgerät ist zwar sicherlich das bedeutendste, aber nicht das einzige Medium, dessen sich Kinder bedienen. Schon in den 80er Jahren besaßen »10% der 6-

1 Bronfenbrenner, Wie wirksam ist die kompensatorische Erziehung? Stuttgart 1974, S. 138.

12jährigen Kinder ein eigenes Fernsehgerät, 15% ein eigenes Radio, 30% einen Plattenspieler, 40% einen Kassettenrekorder.«[2] Bis heute dürften sich die Zahlen etwa verdoppelt haben.

Nach einer Befragung unter 8-11jährigen Grundschülern aus dem Jahre 1987 ist Fernsehen die häufigste Freizeitbeschäftigung. Fast zwei Drittel der Jungen und Mädchen verbringen täglich zwei und mehr Stunden vor dem Bildschirm.[3] Das Interessante daran ist, daß die parallel dazu interviewten Eltern sich mehrheitlich gegen den hohen Fernsehkonsum aussprachen und der Ansicht waren, Fernsehen sei schädlich. Fühlen sie sich dem Medium und ihren Kindern gegenüber machtlos? Noch nie hatten Kinder neben der Schule so viele Möglichkeiten, Informationen zu erhalten, sich durch Medien beschäftigen zu lassen. Es gibt Autoren, die von einem »Ende der Kindheit« (Neil Postman) reden, weil Kinder heute über die Medien, besonders aber durch das Fernsehen praktisch alle Probleme der Erwachsenen präsentiert bekommen. Dem möchte ich entgegenhalten, daß das Fernsehen ja keineswegs die gesamte Realität präsentiert, sondern nur eine bestimmte, durch angebliche Sehgewohnheiten und Intendantendiktatur ausgewählte Scheinwirklichkeit.

Kinder haben - im Gegensatz zu Erwachsenen - keinerlei Einfluß auf ihre soziale Umgebung, ja noch nicht einmal auf das Radio- oder Fernsehprogramm. Die Zahl der Sendungen, an denen sie sich direkt beteiligen können, ist lächerlich gering. Schon Janusz Korzcak nannte die Kinder die »Proletarier mit den kurzen Beinen.« Der krasse Gegensatz zwischen einer Glitzerwelt, in der fast alles möglich und erhältlich erscheint, und dem eigenen Leben, das stumpf und voller Entbehrungen bleibt, muß viele Kinder zur Verzweiflung bringen, weil sie sich dem Widerspruch hilflos ausgesetzt fühlen.

---

2 Steinborn, zit. n. Baacke, Die 6-12jährigen, Weinheim/Basel 1984, S. 231.
3 Nach einer Untersuchung des Dortmunder Instituts für Schulentwicklungsforschung.

Dieter Baacke schreibt, daß Pädagogen den Einfluß der Medien wahrscheinlich deshalb so skeptisch beurteilen, weil »deren Erziehungseinflüsse auf Kinder und Heranwachsende noch weniger kalkulierbar und überprüfbar sind als das pädagogische Handeln von Eltern oder Lehrern«.[4] Meine Befürchtungen beziehen sich mehr auf die Einschränkung der Handlungsmöglichkeiten der Kinder: Jede Stunde vor dem Fernseher ist eine Stunde ohne konkrete Handlungen, ohne phantasievolle, verändernde Auseinandersetzung mit der Umwelt, wie sie Kindern eigen ist.

Klaus Hurrelmann, der seit Jahren über die Lebensbedingungen von Kindern und Jugendlichen in Deutschland forscht, hat das „Verschwinden der Kindheit" inzwischen bestätigt. Kinder, so Hurrelmann, unterscheiden sich weder im Konsumverhalten (Medienkonsumkonsum inbegriffen) noch bezüglich ihrer Gesundheit von Erwachsenen. „Wie schon im Mittelalter werden Kinder zu kleinen Erwachsenen, die unter Leistungsdruck und Familienstreß dieselben Krankheiten und Süchte wie die Großen entwickeln."[5]

Im folgenden gehe ich auf die einzelnen Medien genauer ein, ohne mir einzubilden, hier Überzeugungsarbeit leisten zu können. Denn eins steht fest: Welche Medien Kinder in welchem Umfang benutzen, ist bestimmt durch die Verhaltensweisen ihrer Eltern.

»Wenn ein Kind lesen gelernt hat und gerne liest, entdeckt und erobert es eine zweite Welt, das Reich der Buchstaben. Das Land des Lesens ist ein geheimnisvoller, unendlicher Erdteil. Aus Druckerschwärze entstehen Dinge, Menschen, Geister und Götter, die man sonst nicht sehen könnte. Wer noch nicht lesen kann, sieht nur, was greifbar vor seiner Nase liegt oder steht: den Vater, die Türklingel,

4 vgl. Baacke, S. 225.
5 Zit. n. Psychologie heute, Oktober 1994, S. 73.

den Laternenanzünder, das Fahrrad, den Blumenstrauß und vom Fenster aus vielleicht den Kirchturm. Wer lesen kann, sitzt über einem Buch und erblickt mit einem Mal den Kilimandscharo oder Karl den Großen oder Huckleberry Finn im Gebüsch oder Zeus als Stier, und auf seinem Rücken reitet die schöne Europa. Wer lesen kann, hat ein zweites Paar Augen, und er muß nur aufpassen, daß er sich dabei das erste Paar nicht verdirbt.

Ich las und las. Kein Buchstabe war vor mir sicher. Ich las Bücher und Hefte, Plakate, Firmenschilder, Namensschilder, Prospekte, Gebrauchsanweisungen und Grabinschriften, Tierschutzkalender, Speisekarten, Mamas Kochbuch, Ansichtskartengrüße, Paul Schurigs Lehrerzeitschriften, die >Bunten Bilder aus dem Sachsenlande< und die klitschnassen Zeitungsfetzen, worin ich drei Stauden Kopfsalat nach Hause trug. Ich las, als wäre es Atemholen. Als wär ich sonst erstickt. Es war eine fast gefährliche Leidenschaft. Ich las, was ich verstand und was ich nicht verstand. »Das ist nichts für dich«, sagte meine Mutter, »das verstehst du nicht!« Ich las es trotzdem. Und ich dachte: >Verstehen denn die Erwachsenen alles, was sie lesen?< Heute bin ich selber erwachsen und kann die Frage sachverständig beantworten: Auch die Er- wachsenen verstehen nicht alles. Und wenn sie nur läsen, was sie verstünden, hätten die Buchdrucker und die Setzer in den Zeitungsgebäuden Kurzarbeit.«

Erich Kästner

Bücher für 6-9jährige

»Es gibt vielleicht keine Tage unserer Kindheit, die wir so voll erlebt haben wie jene, die wir glauben verstreichen zu lassen, ohne sie zu erleben, jene nämlich, die wir mit einem Lieblingsbuch verbracht haben.«

Marcel Proust

Daß unsere Kinder ein enges Verhältnis zu Büchern bekommen würden, war vorauszusehen, weil es in unserem Haushalt an allem möglichen mangelt, nur nicht an Büchern. Daß ich selber so viel Gefallen an Kinderliteratur finden würde, hatte ich allerdings nicht erwartet. So hektisch der Tag auch oft bei uns verläuft, abends am Bett zum Vorlesen kehrt Ruhe bei uns allen ein, auch bei mir. Das Vorlesen ist ein schöner Abschied vom Tag, eine Stunde voll Lachen und Nachdenken, Traurigkeit und Abenteuer. Obwohl meine älteren Söhne schon selber lesen können, lese ich vor: weil wir das alle genießen, weil das Zuhören müde macht und weil wir auf diese Weise etwas Gemeinsames erleben, worüber wir uns anschließend noch unterhalten können. Außerdem regt es sie an, selber zu lesen, die Schönheit der Sprache zu bemerken und die Kunst des Vorlesens (zur Kunst des gekonnten Erzählens bin ich leider noch nicht vorgedrungen).

Ich weiß nicht, ob es allein am Vorlesen liegt, aber unser ältester Sohn, der inzwischen Romane verschlingt, hat nie auf jene stotternde Weise vorgelesen, wie sie für Leseanfänger normal ist. Und unser zweitältester Sohn überrascht uns immer wieder mit einer exakten, äußerst gewählten Ausdrucksweise - was ihn allerdings nicht daran hindert, sich auch unanständigster Schimpfwörter zu bedienen. »Wenn es aber stimmt, daß der wesentliche Lernprozeß darin besteht, kulturelle Weltbestände und Deutungsmuster im Austausch mit anderen Menschen sich anzueignen, um so die soziale Welt zu konstruieren, die wir Lebenswelt, konkrete Wirklichkeit, Erfahrungsraum nennen, dann sind Bücher auch heute noch unentbehrliche Anreger für diesen Austauschprozeß... In einer Gesellschaft mit weitgehend gleichgeschalteten Lebensvollzügen und als eintönig empfundenen, ritualisierten Tagesabläufen sowie standardisierten Konsumangeboten kann das Ich seine Würde nur behaupten, wenn es vorhandene Weltbestände und eigene Vorstellungen und Entwürfe sich aneinanderreihen läßt.«[1] Genau hierzu sind Bücher unentbehrlich.

1 Baacke, a.a.O., S.239ff.

Vorhandene Weltbestände: Wie sorgten sich meine Kinder um einen Hundertmarkschein, der mit einem Dieb durch das Berlin der Zwanziger Jahre eilte. Wie deutlich wurde uns der schwedische Sommer mit den Kindern aus Bullerbü. Und wie amüsierten wir uns über die Einfälle von Pu, dem Bär. Obwohl Lesen an sich schon ein geistiger Prozeß ist (der mehrere geistige Handlungen vereint), spielt der Inhalt der jeweiligen Bücher und ihre Sprache eine entscheidende Rolle. Meine Söhne lesen auch begeistert Comics, aber die Sprache eines Tolkien in den Abenteuern des kleinen Hobbit, die schlichte Sprache der europäischen Märchen und Sagen, die Sprache der »Klassiker« wie Kästner und Lindgren ihnen vorzuenthalten, wäre ein kulturelles Verbrechen.

»Lesen ist eine Chance, die nicht jeder hat. Wenn in einer Familie keine >Lesekultur< herrscht, kann die Schule oft wenig nachholen.«[2] Ich meine, die fehlende Lesekultur ist am wenigsten den einzelnen Famlien anzulasten. »Wenn in einem Land keine Lesekultur herrscht...« träfe den Kern wohl besser. Stadtbüchereien nützen wenig, wenn Zigtausende Menschen in diesem Land Analphabeten sind, wenn Millionen sich mit der Bildzeitung abspeisen lassen und der Bildung der Massen zuwenig Bedeutung beigemessen wird.

Wie kann man Kinder zum Lesen anregen?

Durch Vorlesen ganz bestimmt. Lesekultur bedeutet aber mehr: daß Bücher selbstverständlich zum Alltag gehören, daß man Bücher beim Kochen, Reparieren oder Gärtnern zu Rate zieht, daß Bücher eben einfach dazugehören und Bestandteil der täglichen Gespräche sind. Zum Lesen zwingen kann man Kinder nicht.

Hat Ihr Kind schon gelernt, Silben zu Wörtern zusammenzuziehen? Dann möchte ich Ihnen den Bau einer hervorragen-

2 ders., a.a.O., S.245.

den Lesemaschine empfehlen (s. Kapitel: Wenn's unbedingt sein muß! So macht das Üben Spaß, dort den Abschnitt „Lesen"). Mit ihrer Hilfe hat mein Sohn Till die Freude am Lesen entdeckt. Kann das Kind erst mal Wörter erlesen, hat es bestimmt Spaß an einem Buch mit einfachem Text. Besonders witzig und motivierend ist, wenn sich bestimmte Wörter im Text hochklappen lassen und das Kind darunter als Bestätigung ein Bild des Gelesenen findet. So ein Buch läßt sich mit etwas Zeit und Lust selber herstellen, man kann es aber auch kaufen.[3] Vor allem sollte man mit seinem Kind die örtliche Stadtbücherei erkunden, ihm ab und zu ein Buch schenken und - falls nicht vorhanden - für eine Bücherei im Klassenraum plädieren. Eine Leseratte wird das Kind dadurch noch nicht automatisch.

Ich weiß aus meiner Erfahrung in der Schule, daß es intelligente, wache und aufgeschlossene Kinder gibt, die überhaupt nie freiwillig lesen. Ich glaube nicht, daß man diese Eigenwilligkeit ändern kann oder sollte. Jedenfalls hat sie nichts mit dem Nichtlesen jener Kinder zu tun, die nie die Chance dazu hatten. Lesen ist gewiß nicht alles. Es gibt ganze Kulturen, die ohne Bücher ausgekommen sind. Unsere Kultur ist allerdings ohne Bücher undenkbar, und um ihr Gewordensein zu vermitteln, sind Bücher wichtig.

Buchempfehlungen

Diese Bücher sind meine sehr subjektive Auswahl (falls keine Verlagsangabe, ist das betreffende Buch nur noch in Bibliotheken zu haben). Wenn Sie weitere Anregungen suchen, können Sie sich überall in Büchereien und Buchhandlungen kostenlos beraten lassen. Wer sich in das Thema Kind und Buch vertiefen will, findet vielleicht auch Anregungen bei

3 z. B. Wyllie/Roffey, Es war einmal eine alte Frau, Carlsen Verlag, Hamburg.

Bruno Bettelheim, »Kinder brauchen Bücher« (München 1993).

Bücher für ABC-Schützen

Zum Angucken und Selberlesen
Detlef Kersten, ABC-Zoo, Ravensburger Buchverlag Otto Maier.
R. Crowther, Die höchst verwunderlichen Klapp-, Zieh- und Drehbuchstaben von A-Z.

Zum Vorlesen

Christine Nöstlinger, Neues vom Franz, Verlag Friedrich Oetinger, Hamburg.
Ursula Wölfel, Fliegender Stern, Ravensburger Buchverlag Otto Maier.

Bücher für Leseanfänger

Boy Lornsen, Tante Jeske.
Irina Korschunow, Gunna spinnt.
Cole/Wexler, Eine Handvoll Hund.
Peter Härtling, Sofie macht Geschichten, Verlagsgruppe Beltz.
Angelika Mechtel, Friedensgeschichten.

Bücher für geübte Leser

Astrid Lindgren, Madita, Verlag Friedrich Oetinger, Hamburg.
Meyers Buch vom Menschen und seiner Erde, erzählt von James Krüss.
Christina Björk/Lena Anderson, Linus läßt nichts anbrennen, Omnibus Verlag.
Sissi Flegel, Wir sind die Klasse vier, Thienemann Verlag, Stuttgart.

Und viele, viele mehr - die sich Kinder in diesem Alter nach ihren besonderen Interessen auch gern selbst aussuchen: z. B. die sehr preiswerten Sach-Bilderbücher von Ravensburger aus der Reihe »Die Welt entdecken« zu vielen wichtigen Themen.

Kassetten und CDs

Kinderkassetten werden in großen Städten inzwischen fast an jeder Straßenecke zu Billigpreisen angeboten: schnell hingedudelte Kinderkrimis oder spannende Abenteuergeschichten, Kinderchöre mit »den schönsten« Kinderliedern und Popmusik für die Jüngsten.

Wo der Fernseher gerade nicht zugänglich ist, mag sich so manches Kind mit dieser Billigware über Langeweile hinweghelfen: Ohne den anstrengenden geistigen Prozeß des Lesens kann man sich per Knopfdruck in andere Welten versetzen lassen, eingeblendete Geräusche, Musik und verschiedene Stimmen fordern auch die Fantasie nicht sonderlich heraus.

Alle Kassetten haben einen großen Vorteil: Man kann sie abschalten, ohne das Gefühl haben zu müssen, etwas zu versäumen. Es gibt natürlich auch gutgemachte Hörspiele, anregende, nicht abgedroschene Musikstücke, bezeichnend ist aber, daß diese Produkte erstens oft mehr als doppelt so teuer und zweitens nur in wenigen ausgewählten Läden (Buchhandlungen oder Spielzeugläden mit sog. pädagogisch wertvollem Spielzeug) erhältlich sind.

Wenn man die Gesetze der schon längst nicht mehr freien Marktwirtschaft durchschaut, wird schnell klar, daß große Konzerne ihre Billigkassetten in Millionenauflagen vertreiben können, während kleine Studios die Massen sowohl vom Inhalt als auch vom Vertrieb her nicht erreichen. Medienkindheit bedeutet eben auch Beschränkung der Medien für die Massen, Beschränkung auf ein Angebot, das weder zum Nachdenken anregt noch Platz für eigene Vorstellungen läßt: Verdummungsindustrie.

Auch mein Vorschlag: Selber produzieren! muß hilflos dagegen bleiben. Ich mache ihn trotzdem: mit Schulfreunden oder der Familie zusammen ein Hörspiel aufnehmen, Konflikte aus dem Alltag aufgreifen, Geräusche ausprobieren, die Unterschiedlichkeit der Stimmen nutzen, Musik erfinden...

Außer Hörspielen gibt es Musik auf Kassetten oder CDs, die ich für sehr gelungen halte. So vermitteln die rockigen Lieder des Grips-Theaters (die inzwischen schon recht alt, aber immer noch sehr aktuell sind!) bestimmte Inhalte so klar, wie Eltern es in Worten sicherlich nur unter Schwierigkeiten tun könnten: Lieder aus der Schule, von der kaputten Umwelt, vom Krieg und vom Frieden, von fehlenden Spielplätzen und den Schwierigkeiten, Eltern zu sein. Neben dem Grips-Theater oder der Gruppe Mupf gibt es eine Reihe Liedermacherinnen und Liedermacher, die neue Kinderlieder von hoher Qualität komponiert haben und mich oft begeistern; meine Kinder können fast alle Lieder auswendig. Es gibt auch klassische Musik für Kinder, die - besonders wenn sie auf der Stereo-Anlage der Eltern gespielt werden darf - zum Genuß für die ganze Familie werden kann.

Empfehlungen:

Hörspiele, Geschichten, Sketche u.ä.

Jörg Müller/Jörg Steiner, Die Menschen im Meer (nach dem gleichnamigen Bilderbuch), Deutsche Grammophon, Toncassette

Heinrich Hannover, Die Geburtstagscassette, Toncassetten, Jumbo

Peter Härtling, Oma (nach dem gleichnamigen Buch), Toncassette, Deutsche Grammophon
Fredrik Vahle, Tamaro, Geschichten und Lieder aus Lateinamerika, Patmos/Pläne
Grips-Theater, Mensch Mädchen! Toncassette, Patmos/Pläne
Spielen und Lernen, 1-5 (lustige Szenen und Lieder, sehr gut), Patmos/Pläne

Musikstücke und Lieder

Fredrik Vahle, Der Friedensmaler. Lustige und nachdenkliche Lieder vom Angsthaben und Mutmachen für kleine und große (!) Leute (ein »Klassiker«, sehr zu empfehlen, wie alles von Fredrik Vahle!), MC und CD, Patmos/Pläne
Fredrik Vahle, Der Elefant. Lieder in unserer und eurer Sprache, MC und CD, Patmos/Pläne
Erwin Grosche, 1-2-3-4 Zähneputzen! MC und CD, Patmos/Pläne
Erwin Grosche, Starke Mädchen, MC und CD, Patmos/Pläne

Kinderzeitungen und Illustrierte

Als ich mich bei meinem Zeitungshändler nach Zeitschriften für Schüler erkundigte, führte er mich an ein Regal, das war von oben bis unten mit farbenprächtigsten Comics ausgestattet. Es fängt an mit Sesamstraße und hört auf mit Gruselgeschichten aus dem All. Klar, denke ich mir, wenn in Berlin 80 Prozent der Zeitungen aus dem Hause Springer stammen und Bild und BZ bis in die höheren Etagen gern gelesen werden, dann muß ja auch für die lieben Kleinen etwas abfallen. Aber gibt es denn gar nichts anderes?

Am Kiosk tatsächlich nur ein einziges Heft, und das ist YPS. Ich kenne es schon von meinen Schülern, die mir oft stolz die jeweils mitgelieferten Billig-Spielsachen zeigen, die auch mein Kinderherz erfreut hätten: Mal gab es Samen von Wunderpflanzen, mal Krebseier, mal einen leicht zu bastelnden Drachen... Die Hersteller aus dem Hause Gruner und Jahr lassen sich schon etwas einfallen. Als ich mit dem neuesten Heft nach Hause komme, wollen es mir meine Söhne am liebsten aus der Hand reißen: Dieses kleine, eher wie eine Bäcker-Zeitung aufgemachte Heft ist voller Comics und Witze, und das kommt an. Ob das gut ist, interessiert die Hersteller weniger. Das Motto des Tages lautet diesmal: »Lernen schafft Bildung, Bildung ist Luxus, und Luxus können wir uns nicht leisten!« (YPS Nr.617) Man könnte es auch als Motto des Heftes nehmen. 28 Seiten Comics - für die man vielleicht noch dankbar sein sollte, denn sie sind nur ein bißchen blöd und witzig gemeint, wenigstens nicht nur brutal. Eine volle Seite dagegen ist den »Wundern der Natur« gewidmet, wobei eine (für meinen Geschmack) miese Illustration von wenig Text begleitet wird. Auf vollen acht Seiten gibt es Kleinanzeigen von Kindern und für Kinder. Hier werden Brieffreunde gesucht, Briefmarken und Figuren getauscht und auch Sachen verkauft. Zwei Seiten Farbwerbung tun ein übriges, die Kids bei guter Laune zu halten. Also das reine Unterhaltungsprogramm. Wer eine wirklich anregende Zeitung für seine Kinder sucht, die Spaß macht, ohne flach zu sein, und Kindern Informationen liefert, die sich auf ihr Leben beziehen, auf die vielen Abenteuer und Probleme, die das Leben den Kindern bietet, der kann seinen Zeitschriftenhändler vergessen.

Aus der Schule bringen meine Kinder »Die Flohkiste« mit nach Hause. »Die Flohkiste ist die einzige Kinderzeitschrift, die von Lehrern für ihre Schüler herausgegeben wird.« Sie enthält keine Werbung, dafür um so mehr pädagogische Zeigefinger. Meine Kinder nehmen es hin, Till rechnet sogar bereitwillig die vielen Aufgaben, deren Lösungen notwendig sind, um ein »lustiges« Bild auszumalen. Lustig heißt hier meistens, daß einer schielt und den Mund zu einem zerknitterten Faden verzogen hat. Auch das kommt an. Aber ist es gut? Die Zeitschrift Flohkiste erscheint vierzehntägig im Domino-Verlag, Menzingerstr. 13, 80638 München (Tel.: 089/179130) und kann von Eltern auch zur Probe abonniert werden. Es sind lehrreiche Hefte, nach dem Alter der Kinder differenziert (es gibt Hefte für die erste, zweite, dritte... Klasse), dabei bemüht, trotzdem interessant und anziehend zu sein, z. B. durch farbige Bildgeschichten mit Unterschriften, viele Zeichnungen, die zum Ausmalen motivieren, und ein Farbposter. Der bayrische Lehrerinnen- und Lehrerverband weiß auch, was Kindern gefällt: Er zeichnet als Herausgeber.

Was Kinder interessiert und was sie meiner Meinung nach unbedingt wissen müssen, wenn sie in unserer Gesellschaft handlungsfähig sein sollen, das scheinen die Hersteller dieser Zeitschrift nicht zu wissen. Erich Kästner weilte auch gerade im Allgäu Bayerns, als er vor einigen Jahrzehnten seiner Wut über einen Kinderbuchautoren so Ausdruck gab: »Der Ernst des Lebens beginnt wirklich nicht erst mit dem Geldverdienen. Er beginnt nicht damit, und er hört damit nicht auf. Ich betone diese stadtbekannten Dinge nicht etwa, daß ihr euch einen Stiefel darauf einbilden sollt, bewahre! Und ich betone sie nicht, um euch bange zu machen. Nein, nein. Seid glücklich, so sehr ihr könnt! Und seid so lustig, daß euch vor Lachen der kleine Bauch weh tut! Nur: Macht euch nichts vor und laßt euch nichts vormachen. Lernt es, dem Mißgeschick fest ins Auge zu blicken. Erschreckt nicht, wenn etwas schiefgeht... Das Leben hat eine verteufelt große Handschuhnummer, Herrschaften! Wenn man so eine Ohrfeige erwischt hat und nicht darauf gefaßt war, dann braucht nur noch eine kleine Stubenfliege zu husten, und schon liegt man längelang auf der Nase.« (aus: Das fliegende Klassenzimmer, Vorwort) Ja, auf Ohrfeigen bereiten bundesrepublikanische Kinderzeitschriften nicht vor, obwohl die bundesrepublikanischen Kinder doch zu den meistgeprügelten der Welt gehören.

Bliebe noch eine letzte Zeitschrift auf dem Markt: treff, Schülermagazin, Zeitschrift für Jungen und Mädchen, erscheint im Velber Verlag, Im Brande 21, 30926 Seelze (Tel.: 0511/40 00 30). Schon beim flüchtigen Durchblättern der liebevoll aufgemachten Zeitschrift merkt man, daß sich hier Niveau mit Unterhaltung paart: Reportagen wechseln ab mit Meinungsumfragen, Berichte aus fernen Ländern mit Witzen, Kochrezepten, Spielideen und Geschichten von Autoren, die international geachtet sind: Astrid Lindgren, Peter Härtling... Besonders gut finde ich das Umwelt-ABC und die Seite über bedrohte Tiere: Hier wird Kindern ihre Umwelt erklärt, und das in einer verständlichen Sprache mit Fotos und Bildern, außerdem erhalten sie selber Anregungen, etwas zu tun. Was leider auch in treff zuwenig enthalten ist: Kinderrealität heute. Soziale Probleme und miese Bedingungen, unter denen Kinder heute leben, sind hier ausgeklammert. Ich habe meinem lesehungrigen achtjährigen Sohn die Zeitschrift trotzdem abonniert: Es gibt keine bessere.

Für Kinder ab 9 ist die Zeitschrift Samsolidam lesenswert. Sie berichtet, wie Kinder in anderen Ländern, insbesondere in der Dritten Welt leben. Sie wird herausgegeben von "Fremde Welten e.V." und ist über dessen Adresse zu beziehen und zu abonnieren (Gneisenaustraße 2 a, 10961 Berlin, Tel.: 030/ 6911968). Es sind auch Einzel- und Probehefte erhältlich.

Fernsehen und Video

Für Schulkinder gibt es im Fernsehen einige interessante und schöne Sendungen, aufflackernde Lichter, die meistens schnell wieder abgesetzt werden, - neben einer Vielzahl von Belanglosem und Schlechtem. Ganz abgesehen davon, daß die »Viel-

gucker« sich schon lange nicht mehr auf Kindersendungen beschränken, sondern sich das gesamte Nachmittags- und Frühabendprogramm reinziehen, gibt es die wenigen guten Sendungen eben zu festen Zeiten: Will man sie sehen, müssen der Sonntagsausflug, das Spiel mit Freunden oder die eigene Beschäftigung eigens dafür abgebrochen werden. Deshalb bleibe ich bei meiner Meinung: Das Fernsehen bringt's nicht.

Probleme mit dem Fernsehen gibt es inzwischen in fast jeder Familie. Große Probleme kann es jedoch nur dann geben, wenn das Fernsehgerät in der Familie eine große Rolle spielt: als Mittelpunkt des Familienlebens oder als Ersatz dafür. In dem Maße, in dem Fernsehen ein Angebot von vielen bleibt, das auch von den Eltern nur als ein Angebot von vielen benutzt wird, lassen sich auch Formen finden, das Programm so auszuwählen, daß möglichst viele Interessen berücksichtigt werden und keiner einer »Suchtgefahr« erliegt.

Seit unser ältester Sohn lesen kann, studiert er auch das Fernsehprogramm und wählt sich Sendungen aus. Bis jetzt läuft das unproblematisch, weil bei uns der Fernseher erst umständlich hervorgeholt werden muß, sich also nicht ständig selbst anbietet, und weil wir abends vorlesen, daher gibt es keine Probleme mit dem langen Aufbleiben. Ich finde es trotzdem erschreckend genug, wie nachhaltig die wenigen Minuten Werbefernsehen, die sie zufällig mitbekommen, und die Hetze und Geräuschkulisse einiger belangloser Zeichentrickfilme auch auf meine Kinder wirken, die höchstens zwei Stunden pro Woche fernsehen.

Obwohl ich nicht glaube, daß Schulkinder, wenn sie in ihrer Kleinkind- und Vorschulzeit reichhaltige Erfahrungen in direkter Erforschung und Auseinandersetzung mit ihrer Umwelt gemacht haben, durch mäßigen und gezielten Fernsehkonsum Schaden erleiden - besonders wenn sie auftauchende Fragen mit ihren Eltern besprechen können -, stehe ich diesem Medium in seiner heutigen Form sehr ablehnend gegenüber. Es wirkt eben gerade als heimlicher Erzieher, durch seine Dauerpräsenz im Wohnzimmer und seinen tiefen Zweck, die Kinder ruhig und beschäftigt zu halten, sie von ihren wirklichen Interessen abzulenken, weil die sich weder mit der engen Wohnung noch mit den Feierabendinteressen der Eltern in Einklang bringen lassen.

Je reichhaltiger und umfangreicher das Angebot in der Familie und Umgebung für das Kind ist, desto uninteressanter wird das Fernsehprogramm. Nur wenige Sendungen sind für Kinder so attraktiv, daß sie ihnen Kartenspiele, spannende Brettspiele, Sport, Musik oder das Herumtoben mit Gleichaltrigen ersetzen können. Nach einem normalen Schultag mit Hausaufgabe, Spiel mit Freunden oder allein, einer gemeinsamen Aktion mit den Eltern (Gespräch, Spiel, gemeinsames Aufräumen, Kochen, Backen, Hobbies etc.) oder dem Besuch eines Kurses bleibt einem Kind allerhöchstens eine Stunde Zeit zum Fernsehen. Hieraus kann eigentlich gar kein Problem entstehen.

Nur: Die Realität sieht so aus, daß die meisten Eltern nach der Arbeit einfach zu kaputt sind, um sich ihren Kindern in irgendeiner Weise zu widmen, leider sogar zu kaputt, um Aktivitäten der Kinder, besonders wenn sie mit Unordnung, Dreck und Lärm verbunden sind (und das sind nun mal fast alle kreativen Betätigungen!!), auch nur zu ertragen.

Stundenlanges tägliches Fernsehen kann es nur in Familien geben, die für sich als Eltern und entsprechend für ihre Kinder keine Ansprüche haben und sich nicht kreativ beschäftigen können oder wollen. Solange Eltern und Kinder (zwangsläufig) hierin übereinstimmen, treten auch in diesen Familien erst dann Probleme auf, wenn sie von außen herangetragen werden. Indem sich die Lehrerin über das müde, nervöse oder aggressive Kind beschwert, über unerledigte Hausaufgaben oder das Erzählen von Horrorstories. Aus meiner Sicht ist die Beschwerde der Lehrerin nur allzu arrogant und sinnlos. Solange diesen Kindern nicht etwas geboten wird, was ihnen das Fernsehen ersetzt, werden sie weiter sehen.

Ein türkischer Vater beschwerte sich auf dem Elternabend über zuwenig Hausaufgaben. Auf Nachfragen erklärte er: Wenn mein Sohn so wenig auf hat, macht er nur Dummheiten oder guckt Video. Ich denke, er hat den Nagel auf den Kopf getroffen. Die Kinder der Ärmsten haben nicht nur wenig oder gar keine altersentsprechenden Spielsachen, Bücher oder Spiele, sondern außerhalb des Schulunterrichts kaum Gelegenheiten, an Kultur teilzunehmen. Ihnen wird von vornherein die Möglichkeit verbaut, die Umgebung, in der sie leben, aktiv mitzugestalten und zu verändern.

Nicht nur das Fernsehen ist hier das Problem, sondern die Nichtbeteiligung an Kultur, die gekoppelt ist mit dem Ausschluß vom gesellschaftlichen Reichtum. Deutsche und ausländische Kinder werden so systematisch ihrer eigenen Kultur entfremdet, von jeder Teilnahme am gesellschaftlichen Leben ausgeschlossen und unter dem Deckmantel freier Meinungsäußerung und demokratischer Medien systematisch verdummt.

Wenn Fernsehen nicht zum Problem werden soll, muß es für Kinder Möglichkeiten geben, zu handeln und aktiv zu sein: kostenlosen Breitensport in jedem Dorf, Freizeitheime mit einem breiten Angebot für Kinder und Erwachsene an jeder Ecke, regelmäßige Ausstellungen und Feste, um die kulturellen Möglichkeiten auf der Straße bekanntzumachen, um Ideen und Anregungen auszutauschen. Das Fernsehen selber könnte sich daran beteiligen: Mit mobilen Teams könnten sie Aktivitäten von Kindern filmen, Videogruppen einrichten, die regelmäßig Preise für von Kindern gedrehte Streifen vergeben. Es könnte sich eine Zusammenarbeit mit Altersheimen und Kinderorganisationen ergeben - kurz: Es könnte eine Fernsehkultur von unten entstehen.

Die Erfindung von Video-Kassetten und -Kameras ist eine großartige Möglichkeit, gerade das Fernsehen für Kinder kreativ zu nutzen. Würde man eine Videokamera und einen eingeschalteten Fernseher in den gleichen Raum stellen, ich bin sicher, die Kinder würden sich auf die Kamera stürzen und mit ihr herumexperimentieren, anstatt sich stumm vor den Fernseher zu hocken. Solange Videos aber eine Ware wie andere auch sind, kann man nichts anderes davon erwarten, als daß Menschen daran verdienen wollen. Und daß man an Videos besser verdient als an Büchern, sieht man schon daran, daß die Verleihstellen wie Pilze aus dem Boden schießen, noch in den abgelegensten Orten.

So sind nun die Kinder nicht länger dem Programmdiktat der Fernsehgesellschaften unterworfen, sondern können sich ihr eigenes Programm gestalten. Natürlich sind sie noch zu unerfahren, um zu erkennen, daß nicht sie hier die Bestimmer sind, sondern weit Mächtigere, die sich einen Scheißdreck darum kümmern, welche Ausschnitte der Welt man Kindern zeigen sollte.

Es gibt eine Welle moralischer Empörung über Horrorvideos, die sich die lieben Kleinen ansehen, und es gibt eine große moralische Empörung über den Verfall der Werte, die Verderbtheit der Jugend und ähnliches mehr. Solange aber Medien den Gesetzen des Marktes unterliegen, kann man nichts anderes erwarten. Solange es um Geld geht, kann es nie um Moral gehen.

Ein bißchen Angst habe ich nur davor, daß auch die wenigen, die bereit wären, diese Zustände zu bekämpfen, vor den Fernsehern dahindösen. Eins aber wäre gar nicht so schwer: die wenigen guten Sendungen für Kinder mit einem Brief oder Anruf zu loben.

Computer

Zukünftig wird es kaum noch Arbeitsplätze ohne Computer geben, und viele der heute Sechs- bis Neunjährigen kennen Computer, weil Eltern oder Geschwister solche benutzen. Einige haben auch schon gelernt, selber einen Computer zu bedienen, und das ist gar nicht so einfach.

Obwohl ich Sechsjährige lieber auf Bäumen, Turngeräten, mit Tieren oder beim Musizieren sähe, muß ich zugeben, daß ich bei meinen Kindern den Computer als Arbeitsinstrument, das viel Kreativität erlaubt und eine Menge Zeit sparen hilft, kennengelernt habe. Außerdem weiß ich von einigen Lehrern, wie sinnvoll Computer gerade in den ersten Schuljahren eingesetzt werden können und wieviel Lernspaß sie ermöglichen. Außerdem weiß ich, daß Computer niemals schimpfen und immer positiv bestätigen oder loben, wenn etwas vollbracht wurde. Welcher Lehrer kann das von sich behaupten?

In seinem Buch Netzwerk Schule beschreibt Peter Struck eine Zukunft, in der Erstklässler einen Computer im Schulrucksack haben. Dies macht Lehrer als Persönlichkeiten jedoch keineswegs überflüssig, sondern ermöglicht ihnen, sich endlich den Aufgaben zu widmen, für die im Schulalltag stets zu wenig Zeit ist: persönliche Gespräche, individuelles Eingehen auf Probleme, soziales Lernen.

Obwohl zur Zeit nur eine minimale Anzahl von Grundschulen über Computer verfügt, die oftmals Lehrer aus eigenen Beständen mitgebracht und finanziert haben, scheint es mir heute sinnvoll, dieses Medium auch Sechsjährigen schon zugänglich zu machen, zumal es heute eine Menge sinnvoller Spiele auch schon für kleine Kinder gibt (z.B. beim Heureka Klett Software Verlag, Postfach 106016, 70049 Stuttgart, Tel.: 0711/ 6672-0; Fax: 0711/6672-2025). Für meine Tochter, die eine dänische Grundschule besucht, wäre Schule ohne Computer nur halb so schön: sie lernt Englischvokabeln, Rechtschreibung, Übungsaufgaben und viele andere Dinge per Computer, hat aber auch heiß geliebte Projektwochen, in denen sie Wolle spinnt, töpfert oder das Verhalten von Hunden beobachtet.

Ein Computer kann weder die Sinneserfahrung noch das persönliche Miteinander ersetzen, aber er kann Kindern helfen, Dinge mit Spaß zu lernen.

Genauso wie das Medium Film aus dem heutigen Schulunterricht nicht mehr wegzudenken ist, hilft der Computer im Unterricht, ersetzt jedoch nicht die reale Anschauung, das ursprüngliche Begreifen. Einen Film über einen Hund kann ein Kind nur dann richtig verstehen, wenn es einem lebendigen Hund real begegnet ist. Wird die Sinneserfahrung übergangen, wie es bei heutigen Kindern leider viel zu häufig der Fall ist, kommt es zu Störungen und Problemen, die Kindheit gefährden und Lernen verhindern.

Bewegungsmangel und fehlende sinnliche Wahrnehmung sind die Ursache für Lern- und Sprachstörungen, die sich bei heutigen Kindern leider immer mehr verbreiten. Eltern von sechs- bis neunjährigen Kindern tun also gut daran, Bewegung und Sinnesschulung zu fördern, obwohl das durchaus unbequem und zeitaufwendig sein kann. Wenn diese Kinder dann zusätzlich Lernsoftware benutzen oder mal ein Spiel spielen, kann das sicherlich nicht schaden.

Haben Kinder in diesem Alter keinen Zugang zum Computer, so werden sie darunter freilich auch nicht leiden. Der PC kann warten, die körperliche Entwicklung wartet nicht.

Literaturtip zum Weiterlesen:
Edith Laudowicz, Computerspiele. Herausforderung für Eltern und Lehrer, PapyRossa Verlag, Köln.

Brieffreunde

Englisch, wie gesagt, habe ich nur gelernt, weil ich in Ari Ganer verliebt war und ihm englische Briefe schreiben wollte. Mögen Kinder im Grundschulalter Liebe auch eher in direkten Handlungen als in Worten - und schon gar nicht in schriftlichen - ausdrücken, so sind doch Brieffreundschaften ein schöner Anlaß, Spaß am Schreiben zu gewinnen. Irgendwann - und ich betrachte es heimlich stets mit Wohlwollen - kursieren in den Schulklassen die ersten Briefchen über und unter den Tischen. Empfindliche Netze, Kommunikationswege, die kostbar sind.

Richtige Brieffreundschaften mit dem Reiz, Briefpapier geschenkt zu bekommen, Briefmarken auszuwählen, dem Briefträger aufzulauern, Post zu erhalten oder enttäuscht zu werden, lassen sich sicherlich nicht erzwingen, aber anregen. Sei es, daß eine Schulklasse Kontakt zu einer anderen Klasse aufnimmt, sei es, daß entfernte Cousinen ins schreibfähige Alter kommen. Oder mag eine Briefmarkensammlung den Anlaß bieten, Kontakte zu knüpfen, vielleicht auch schlicht eine Kinderzeitung, die Anzeigen veröffentlicht: Jedenfalls ist es eine schöne Erfahrung, festzustellen, daß sich andere genauso über persönliche Post freuen wie man selbst.

Problemkinder in der Schule - Problemkinder zu Hause

Wenn ich auf besondere Probleme eingehe, dann nicht deshalb, weil ich Rezepte gegen bestimmte »Unarten« anzubieten hätte. Genau so wünschen sich allerdings viele Eltern die Lösung der Probleme ihrer »Sorgenkinder«. Kinder sind aber Wesen, die mit Schuleintritt schon mindestens 6 Jahre Leben in bestimmten Verhältnissen und Beziehungen hinter sich gebracht haben. Jeder Tag, der seit ihrer Geburt vergangen ist, hat sie geprägt und geformt, vor allem natürlich das Zusammenleben mit ihren Eltern und Geschwistern. Deshalb kann man grundsätzlich nicht erwarten, daß Kinder (oder Erwachsene) Verhaltensweisen, die sie sich über Jahre angewöhnt und die sie aus ihrer Sicht auch als sinnvoll erlebt haben, sich von heute auf morgen abgewöhnen, schon gar nicht nach Rezepten, die Außenstehende nach oberflächlicher Betrachtung der Familie, oder sogar völlig ohne sie, austeilen zu müssen glauben.

Wenn sich Probleme im Kreise drehen, kann ich Eltern nur raten, mit ihren Kindern eine familientherapeutische Beratungsstelle aufzusuchen. Dazu gehört zweifellos Mut. Viel einfacher ist es, das »schwierige« Kind isoliert irgendwo behandeln zu lassen. Eine isolierte Behandlung wird jedoch immer Kosmetik bleiben oder nur oberflächliche, nicht dauerhafte Veränderungen herbeiführen, weil sie die Zusammenhänge nicht berücksichtigt.

Kinder können auch zu Problemkindern werden, wenn eine Lehrerin oder ein Lehrer sie dazu macht. Dieser Mechanismus funktioniert sogar relativ schnell. Gerade besonders mutige Kinder, die gewohnt sind zu widersprechen, und Kinder, die sich nicht so leicht mit schlechten Zuständen abfinden, können in den Händen autoritärer und nicht gesprächsbereiter Lehrer zu »Problemfällen« werden. Auch ängstliche, stille und nicht sehr gesprächige Kinder können »problematisch« reagieren, wenn sie das Klima in einer Klasse, den Ton ihres Lehrers nicht ertragen: Sie reagieren oft körperlich, mit Krankheiten, Depressionen oder Bettnässen. Lehrer lassen sich weit schwieriger »zum Psychologen« schicken als Kinder. Und gegen bestimmte krankmachende Charaktere hilft leider oft nur die unverzügliche Abmeldung des Kindes aus der Schule.

Wenn ich nun bestimmte Verhaltensweisen sogenannter Problemkinder aufzähle und einige Gedanken dazu mitteile, dann sei noch darauf hingewiesen, daß alle diese Verhaltensweisen relativ sind. Im Vergleich zu Kindern früherer Zeit oder zu Kindern von Naturvölkern heute sind alle unsere Kinder unselbständig. Das Maß, mit dem gemessen wird, ist das des heute »Üblichen« und »Normalen«, und dieses Maß ist gewiß schon in sich fragwürdig. Solange aber Schule in der heutigen Form besteht, werden sich auch alle Kinder gefallen lassen müssen, an dieser Latte gemessen zu werden.

Beurteilungen sind Teil unseres Schulsystems, und es wird wohl noch lange dauern, bis sie überflüssig, weil sinnlos werden. Dies wird in einer Schule der Fall sein, in der jedes Kind nach seinen Fähigkeiten und Neigungen gefördert wird.

Unselbständigkeit

Kinder entwickeln sich von hilflosen Säuglingen zu Schulkindern, die eine Reihe Anforderungen selbständig bewältigen. Mit jedem Entwicklungsschritt geht eine Phase des Selbstständigwerdenwollens einher, die zu größerer Selbständigkeit führt, wenn Eltern den Wunsch bei ihrem Kind erkennen und es ermuntern. So läßt sich das Baby eines Tages nicht mehr füttern, sondern fängt an, selber den Löffel zu benutzen. So will das Kleinkind sich eines Tages selber die Hosen anziehen und das Vorschulkind sich sein Brot selber schmieren.

Schulkinder, die eine Weile zur Schule gebracht wurden, möchten eines Tages allein gehen. Sie möchten selber bestimmen, was sie anziehen, was sie auf dem Brot haben, wann sie ihre Hausaufgaben machen.

Wenn sie das alles aber gerade nicht wollen, steckt dahinter eine große Angst und Unsicherheit (Was kann ich überhaupt?) oder ein Gehorsam aus Liebe (Wenn ich nicht klein bleibe, kann Mutti mich nicht mehr lieben) - oder beides. Herausbilden kann sich diese Unselbständigkeit nur in einem längeren Prozeß, an dem die Eltern entscheidend beteiligt sind. Eltern von sehr unselbständigen Kindern sollten sich fragen, warum sie ihre Kinder so ängstlich behüten müssen, warum sie sie nicht loslassen können, und welchen tiefen Sinn es gibt, ihr Kind so klein und hilflos zu halten. Vielleicht ist es die Angst vor dem Alleinsein, die Angst vor eigenen, selbst produzierten Fantasien oder noch etwas ganz anderes, Tiefliegendes.

Unkonzentriertheit

Sich nicht konzentrieren zu können, ist eine »Modekrankheit«. Ich weiß nicht, wie viele Tabletten und Tropfen Ärzte jährlich dagegen austeilen, die aber alle gleich wenig helfen. Schon ein Neugeborenes kann sich auf einen Lichtpunkt konzentrieren und ihn mit den Augen verfolgen. Die kindliche Konzentrationsfähigkeit wächst mit zunehmendem Alter, wenn sie nicht durch Einflüsse von außen verhindert wird. Wer sein Baby ständig beim Spielen unterbricht, sein Kleinkind am aufmerksamen Zuhören hindert (z. B. durch undeutliches Sprechen, gleichzeitige Radio- und Fernsehgeräusche) oder Vorschulkindern keine Ruhe gönnt, wird es schaffen, den Entwicklungsprozeß zu steigender Konzentration und Ausdauer zu verhindern. Wer aber im Prozeß der Jahre erfahren hat, daß konzentriertes Spielen nicht nötig, Zuhören nicht wichtig und

Ruhe nicht möglich ist, wird nur unter großem Zeit- und Kraftaufwand neu lernen, sich selbst zu finden und seinen Interessen aufmerksam nachzugehen.

Eltern fragen immer wieder an, was sie mit ihrem unkonzentrierten Kind machen sollen. Aber es gibt kein Brettspiel, kein Übungsheft und kein isoliertes Trainingsprogramm, das gegen eine über Jahre erlernte Zerfahrenheit ankommt. Die auf dem Markt hierzu angebotenen Artikel sind hochgradig lächerlich. Eltern von stark unkonzentrierten Kindern sollten sich fragen, wie sie selbst ihr Leben ändern, Ruhe und Geborgenheit in ihr Familienleben bringen können. Vielleicht dürfen sie sich diese Ruhe gar nicht gönnen, weil dann etwas Schrecklicheres als bloße Unkonzentriertheit zutage käme. Vielleicht brauchen sie ein unkonzentriertes Kind, um sich selber abzulenken.

»Unkonzentriertheit« kann auch ganz andere Ursachen haben. Oft werden verschiedene »Störungen« unter diesem Begriff zusammengefaßt: »Hypermotorik«, Zappeligkeit, Unruhe oder einfach ein starkes Temperament. Wenn Sie sich unsicher darüber sind, was Ihr Kind eigentlich hat oder nicht hat, sollten Sie eine Beratungsstelle aufsuchen - und, bei Zweifeln, verschiedene Menschen um Rat fragen.

Unkonzentriertheit in der Schule kann allerdings auch eine »normale« Reaktion auf langweiligen Unterricht sein (was Sie leicht dadurch feststellen können, daß sich Ihr Kind bei einem Lehrer konzentriert, bei einem anderen aber nicht) oder Folge von Übermüdung, von Über- oder Unterforderung, auch von falscher Ernährung: Kinder, die hauptsächlich von Cola, Hamburgern und Pommes leben, werden auch »hypermotorisch«.[1] Schulkinder brauchen Nervennahrung, aber nicht die aus der Reklame. . .

Vielleicht fangen Sie erst mal mit dem Einfachsten an. Von heute auf morgen kann sich nichts ändern, auch nicht in we-

---

1 vgl. Speichert, Süße Sachen, rororo.

nigen Wochen. Aber nach langen glücklichen Ferien können Sie es vielleicht gemeinsam schaffen.[2]

Yoga, autogenes Training und Entspannungsübungen sind in jedem Fall sinnvoll. Sie können jedoch nur helfen, wenn das Kind freiwillig und gern hingeht und auch zuhause unterstützt wird. Wenn Eltern gelernt haben, Sicherheit, Akzeptanz und Gelassenheit auszustrahlen, und ihr zappeliges Kind akzeptieren, wie es ist, können Kurse, aber auch Geschichten und Kassetten hilfreich sein. Ersetzen können sie elterliche Zuwendung und Vorbildfunktion aber nie.

Empfehlenswerte Bücher, CDs und Kassetten für Kinder:

Else Müller, Inseln der Ruhe. Ein neuer Weg zum autogenen Training für Kinder und Erwachsene, Kösel Verlag (als Buch und als Toncassette)

Sehr empfehlenswert ist die Serie »Kleiner Bär« aus dem Musikbär Verlag/Jünger Verlag, zum Beispiel: Sabine Friedrich/Volker Friebel/Paul G. Walter: Mach's gut, kleiner Bär (Eine Geschichte mit Liedern und meditativer Musik und Anleitungen zum Abbau von Streß, Unruhe, Ängsten und Konzentrationsschwächen), MC (ISBN 3-928821-12-1)/ Buch (ISBN 3-928821-06-7). Sabine Friedrich/Volker Friebel/Paul G. Walter: Gute Nacht, kleiner Traumbär (Entspannung bei Einschlafproblemen. Eine Geschichte mit Liedern und ruhiger Gute-Nacht-Musik.) MC (ISBN 3-928821-11-3)/Buch (ISBN 3-928821-00-8). Sabine Friedrich/Volker Friebel/Paul G. Walter: Gute Nacht, kleiner Traumbär/Nur ruhig, kleiner Zappelbär (Sampler-CD mit den beliebten Abenteuern des kleinen Bären zu den The-

2 Reinhard Voss/Roswitha Wirtz haben ein sehr lesenswertes Taschenbuch geschrieben: Keine Pillen für den Zappelphilipp - Alternativen im Umgang mit unruhigen Kindern (rororo Sachbuch - Mit Kindern leben)

men Einschlafen und Konzentration). CD (ISBN 3-89467-812-7). Sabine Friedrich/Volker Friebel/Paul G. Walter: Mach's gut, kleiner Bär/Nur Mut, kleiner Bär (Sampler-CD mit den beliebten Abenteuern des kleinen Bären zu den Themen Entspannung, Mutmachen, Ruhe und Angstbewältigung), CD (ISBN 3-89467-811-9).

Bettnässen

Wenn Ihr Kind nach der Einschulung ins Bett macht, obwohl es vorher schon trocken war, hat es ernste psychische Probleme, die auch ernsthaft behandelt werden müssen. Nicht völlig auszuschließen ist, daß Ihr Kind unter bestimmten Lehrern stark leidet. Ich weiß aus Erfahrung, daß bei bestimmten »Pädagogen« bis zu einem Drittel der Kinder einer Klasse zu Bettnässern werden können. Sie sollten sich also in jedem Fall mit anderen Eltern austauschen und, wenn Ihnen das weniger peinlich ist, vielleicht erst ein Gespräch über allgemeine Angst vor der Schule beginnen.

Schon beim leisesten Verdacht, daß Ihr Kind kein Einzelfall ist, würde ich um einen Termin bei dem entsprechenden Lehrer bitten. Sollte sich dieser Verdacht nach dem Gespräch nicht auflösen, sondern erhärten, würde ich keinen Moment zögern und versuchen, das Kind in die Parallelklasse oder eine andere Schule versetzen zu lassen. Ist dies nicht möglich, kann ich nur hoffen, daß Ihr Kind mit Ihrer therapeutischen Hilfe die Schule überlebt.

Schulangst

Schulangst ist ein sehr ungenauer Begriff, den man zunächst klären müßte. Sie kann sich in »einfachen« Bauchschmerzen äußern, aber auch bis zu schweren psychischen Störungen führen, die therapeutisch behandelt werden müssen.

Tritt sie bei Schülern von besonders strengen Lehrern auf, ist sie vergleichsweise »harmlos«, denn die Angst des Kindes ist ja berechtigt: Es ist die normale Angst vor Strafe, vor Bloßstellung und Lächerlichmachen. Schlimmer kann es sein, wenn das Kind einen Lehrer fürchtet, der normale Anforderungen stellt, keine üblen Strafen verhängt und Kinder nie vor der Klasse bloßstellt. Vielleicht fürchtet ein Kind aber auch die ganze Situation, das Schulgebäude, den Bohnerwachsgeruch, die Mitschüler, die sich gar nicht fürchten, die großen Jungs auf dem Schulhof, den Zwang, sich anpassen zu müssen, den Zwang, nur einer von vielen sein zu können. Oder es fürchtet sich vor den eigenen von den Eltern übernommenen Anforderungen, die es nie wird erfüllen können. Vielleicht glaubt es, ein Schulkind dürfe keine Fehler machen.

Natürlich werden Sie versuchen, mit Ihrem Kind zu reden. Sätze wie »Du brauchst keine Angst zu haben« nützen übrigens dabei wenig. Ich würde die Angst ernst nehmen und mich auf Situationen besinnen, in denen ich selber Angst hatte - in der Schule. Darüber würde ich mich mit meinem Kind unterhalten. Unbedingt sollte man auch gemeinsam mit dem Lehrer über Angst reden.

Wenn Gespräche nicht helfen, muß man eine Beratungsstelle aufsuchen, in der man sich mit seinem Problem angenommen fühlt.

Klauen

Die meisten Kinder lassen mal irgend etwas »mitgehen«. Kinder jedoch, die regelmäßig klauen, sind hilfebedürftig. Sie wollen ihre Umwelt alarmieren: Bei mir stimmt etwas nicht. Meistens ist es das unterbewußte Gefühl, ständig zu kurz zu kommen, zuwenig geliebt zu werden, und die verzweifelte Hoffnung, durch all den geklauten Kram Liebe zu erfahren.

Natürlich muß man einem klauenden Kind klarmachen, daß sein Verhalten schlimme Konsequenzen hat. Strafen oder Drohungen nützen jedoch keinem Kind. Liebe, Angenommenwerden und konsequente Anweisungen helfen ihm mehr. Aber nicht immer gelingt es den Eltern, allein mit diesem Problem fertig zu werden. Deshalb empfiehlt es sich auch hier, wenn sich die Probleme im Kreise drehen, eine Beratungsstelle aufzusuchen.

Beratungsstellen - Therapeuten

Adressen von Beratungsstellen und Therapeuten finden Sie im Branchenbuch bzw. in Ihrem örtlichen Telefonbuch. Sehr gut ist es, wenn man von Leuten, denen man vertraut, eine Empfehlung bekommt.

Neben den behördlichen Beratungsstellen, die von sehr unterschiedlicher Qualität sind (es gibt hervorragende!), führen auch freie Träger wie Kirchen (Caritas, Diakonisches Werk), Vereine (Deutscher Kinderschutzbund) und Institute Beratungen oder Therapien durch. Ich persönlich würde mich immer nach einer familientherapeutisch orientierten Beratung erkundigen, weil man meiner Meinung nach die Probleme von Kindern nicht isoliert behandeln kann. Familientherapeuten oder, wie sie sich auch nennen, systemtheoretisch arbeitende Therapeuten gibt es in allen größeren und auch in vielen kleineren Städten.

Prinzipiell würde ich erst *nach* einem Gespräch entscheiden, ob mir bzw. meinem Kind die Art der Beratung/Therapie gefällt oder nicht. Bei einem unguten Gefühl würde ich mich auf keine weitere Beratung einlassen, denn die Auswahl ist groß, und jeder kann eine Beratung finden, in der er sich mit seinen Problemen angenommen und verstanden fühlt.

Wichtig finde ich auch, nachzufragen, inwieweit Gespräche mit Schulpsychologen oder anderen behördlichen Beratungsstellen Teil des Schülerbogens bzw. der Akte Ihres Kindes werden. Es kann verheerende Folgen haben, wenn ein Kind in seiner Schulzeit von so einer Akte begleitet wird. Läßt sie sich nicht vermeiden, sollten Sie unbedingt Einsicht verlangen und sich selbst ein Urteil bilden.

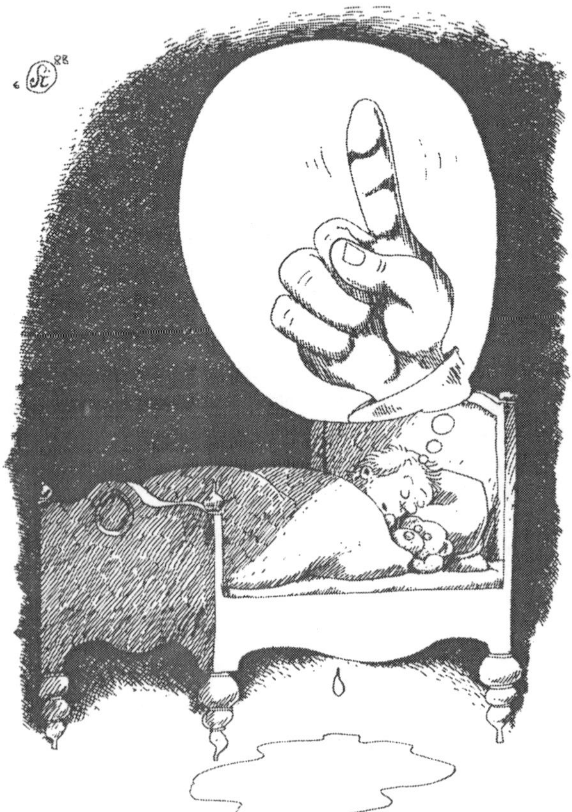

Unser Körper - Liebe, Sexualität, Aufklärung

Meiner Meinung nach wird der Mensch als geschlechtliches Wesen geboren und bleibt es auch bis zu seinem Tod. Mich wundert daher, daß in entwicklungspsychologischen Büchern das Thema Sexualität noch immer häufig übergangen wird.

An meinen eigenen Kindern und meinen Schülern konnte ich keine »Latenzzeit« (Freud) beobachten. Mit Eintritt in die Schule haben Kinder genausoviel Freude an Untersuchungen des eigenen Körpers wie vorher und lieben Doktorspiele in verschiedenen Variationen immer noch. Wie häufig und ausgiebig solche Körperspiele praktiziert und zugelassen werden, hängt natürlich von den Bedingungen ab: Wie viele andere Spielmöglichkeiten reizen das Kind, und welche Signale geben Eltern (meist unbewußt) über diese Spiele? Werden sie eher befürwortet oder abgelehnt, geduldet oder ignoriert?

Die meisten Eltern sind sich nicht bewußt, welche große Bedeutung unausgesprochene, nicht bewußte Ängste, Gefühle und Empfindungen für die Kinder haben und mit welchen sensiblen Wahrnehmungsorganen die Kinder diese aufgreifen.

Immer diese Ausdrücke!

Erstaunlicherweise (denn die anale Phase müßte ja längst abgeschlossen sein, prägt jedoch offensichtlich lebenslang) spielen auch die Exkremente des Körpers eine große Rolle. Mein neunjähriger Sohn kann sich über »Kackwitze« ausschütten vor Lachen, wie es viele Erwachsene noch tun. Aber ist nicht der Körper mit seinen Ausscheidungen und oft geheimnisvollen Funktionen und Reaktionen auch das Faszinierendste überhaupt?

Aus der Schule brachten meine Kinder allerhand Ausdrücke nach Hause, von denen »ficken« noch vergleichsweise schlicht war. Entsprechende Fingerzeichen, deren Bedeutung nach und nach erkannt wurde, unterstrichen die Faszination oder Mystifizierung des Menschlichen. Wir haben unseren Kindern die Ausdrücke erst einmal erklärt und in ihre Sprache übersetzt. Außerdem haben wir deutlich gesagt, daß wir diese Wörter nicht geeignet finden und deshalb nicht benutzen. Wir möchten sie auch in unserer Gegenwart nicht hören. Trotzdem hat nun auch unser jünster Sohn mit zweieinhalb »Fickkanone« gelernt, weil seine großen Brüder sich das in einer ihrer Phasen bevorzugt an den Kopf warfen.

Mein Vorschlag, eine »Ausdruckskasse« einzurichten, stieß auf helle Begeisterung, weil wir mit der vollen Kasse Eis essen

gehen wollten. Für jeden in unserer Anwesenheit benutzten »unanständigen« Ausdruck sollten 5 Pfennig eingezahlt werden. Natürlich auch von uns Eltern, denen zu oft »Scheiße!« über die Lippe kommt. Die Kasse hat sich dann aber nie richtig gefüllt. Wahrscheinlich waren uns die Ausdrücke einfach zu unwichtig.

Das Auftauchen und Verschwinden von Ausdrücken hängt von dem Klima der jeweiligen Schulklasse und den Ausdrucksweisen der Mitschüler, der Freunde und ihrer Familien ab. Wichtig für Eltern finde ich, den eigenen Standpunkt deutlich zu machen und vorzuleben und sich gleichzeitig vor Moralpredigten oder abfälligen Bemerkungen Klassenkameraden gegenüber zu hüten. Menschen, mit denen das Leben grob umgeht, drücken sich auch grob aus. Die Sprache ist hier gewiß kein Ansatzpunkt, die gesellschaftlichen Verhältnisse und individuellen Lebensumstände zu verbessern.

Auch erkläre ich meinen Kindern immer wieder, daß Schimpfwörter nur dort wirken, wo sich jemand beschimpft fühlt. Warum sind »Atombombenerfinder«, »Soldat«, »Boß« oder »Befehlsempfänger« keine Schimpfwörter? Und noch etwas: Schimpfen ist eigentlich eine sehr befreiende Sache. Wer niemals schimpft, wird bestimmt krank, denn wo läßt er seine Wut? Schimpfwörter selbst zu erfinden, ist eine sehr kreative Angelegenheit, die ich Familien nur raten kann. Ebenso lohnt es sich auch, einmal darüber zu sprechen, wen welches Wort am meisten stört und warum.

Sexualkundeunterricht

In der Schule wird im Sachkundeunterricht der Klassen 2, 3 und 4 »Aufklärung« betrieben. Wie und ob überhaupt (es gibt tatsächlich Lehrer, die sich davor drücken, auch wenn es im Rahmenplan vorgeschrieben ist), ist entscheidend von der Persönlichkeit des Lehrers abhängig. Meistens besteht die Gefahr, dieses eigentlich sehr emotionale und schöne Thema vom Ursprung unseres Seins auf biologische Tatsachenvermittlung zu verkürzen.

Nicht immer muß der Lehrer »Schuld« am mißlungenen Aufklärungsunterricht haben. Einzelne Problemkinder und hohe Klassenfrequenzen können die Atmosphäre in einer Klasse leicht so prägen, daß vertrauliche Gespräche gar nicht möglich sind. Deshalb ist das Gespräch mit den Eltem wichtig und unersetzlich. Oft kommen die Kinder ja von selbst auf die Fragen, die sie interessieren, zu sprechen. Und natürlich bietet der Nachwuchs in der eigenen Familie oder im Bekanntenkreis sich als Anknüpfungspunkt an.

Der Aufklärungsunterricht in der Schule ist vom Rahmenplan her vorbestimmt und wird in jedem Bundesland - zusätzlich zu den Unterschieden, die die Lehrer individuell machen - anders gehandhabt. Es ist jedoch.vorgeschrieben und sicherlich auch sinnvoll, daß die Lehrer die Materialien, die sie im Unterricht benutzen wollen, den Eltern vorher zeigen und mit ihnen besprechen. Vielleicht haben Sie als Eltern aber auch Lust, diesen Elternabend selber mit vorzubereiten und sich z . B . in Büchereien nach »Aufklärungsliteratur« umzusehen. Die Verantwortung für den Aufklärungsunterricht bleibt jedoch beim Lehrer. Eltern können und sollten ihn in seinen guten Absichten nur unterstützen.

In einem Haushalt, in dem Kinder gewohnt sind, ihre Eltern und Geschwister nackt zu sehen und jedes Körperteil mit Namen zu nennen, werden sich Gespräche über Sexualität immer wieder von selbst und der Entwicklungsstufe des Kindes angemessen ergeben.

Ich finde jedoch auch wichtig, den Kindern seine eigenen Erfahrungen und damit die Veränderbarkeit von Erziehungs- und Sexualpraktiken in einer ihnen verständlichen Form mitzuteilen. In meiner Generation war die Aufklärung auf der Straße noch gang und gäbe, und ich kenne Kinderzeichnungen von mir, die belegen, daß ich als Neunjährige keine genauen Vorstellungen vom Entstehen der Babys und ihrer Geburt hatte. Meine Kinder staunen darüber, kichern aber trotzdem mit Freunden über dieselben Klein-Fritzchen-Witze, die ich schon in meiner Kindheit gehört habe. Wahrscheinlich wird diesem Thema immer etwas Geheimnisvolles und Aufregendes anhaften, und solange man keine eigenen Erfahrungen damit hat, wird man auch - in Gruppen - darüber kichern müssen.

Was ebenfalls nur von Eltern vermittelbar ist, sind die Gefühle, die Mutter und Vater während der Schwangerschaft hatten, die emotionalen Prozesse, die mit einer Geburt einhergehen und die jedes Paar anders erlebt. In diesem Zusammenhang kann man Kindern auch Aggressionen ihrer Klassenkameraden erklären: Ein Kind, das wenig oder keine Zärtlichkeit empfangen hat, kann auch keine weitergeben. Gerade an Eltern und Geschwistern lernen Kinder den Umgang mit anderen Menschen, und ihre eigene Liebesfähigkeit wird zeitlebens davon geprägt bleiben.

Neben der Aufklärung durch Schule und Elternhaus bekommen Kinder heutzutage sehr viele Informationen über Zeitungen, Illustrierte und Fernsehen. Bekanntlich beeinflussen ja gerade die heimlichen Erzieher sehr nachhaltig - und wenn man in der Großstadt wohnt, kann man seine Kinder kaum davor schützen. Sexistische Werbung im Großformat, nackte Frauen auf Titelseiten, Sexshops und Video-Läden, Bars und Bordelle können auch behüteten Kindern auf Dauer nicht verborgen bleiben und sind Teil der sie umgebenden Umwelt, Realität. Kürzlich befragte mich mein siebenjähriger Sohn nach Aids. So schwierig es auch erscheint, mit Kindern angemessen über all diese z. T. flüchtig wahrgenommenen Erscheinungen zu reden, ich denke, wir können als Eltern nichts falsch machen, wenn wir zwei Dinge berücksichtigen: die Ehrlichkeit dem Kind gegenüber und das Aussprechen der eigenen Gefühle dabei.

Warum werden Zeitschriften mit nackten Frauen verkauft?

LIEBT IHR EUCH ETWA!

Warum sieht die eigene Mutter anders aus? Wie leben wir, wie leben andere? Ich denke, daß die Antworten in den einzelnen Familien verschieden ausfallen und daß es hier nicht »den richtigen« Weg gibt, sondern nur den ehrlichen, der Kindern auch eine Auseinandersetzung damit ermöglicht. Wir zeigen unseren Kindern mit unserem Vorleben ein Modell, das sie mit anderen vergleichen können, und wir sollten ihnen möglichst viele Informationen geben, die nicht täglich wie große Reklameflächen auf der Straße zu sehen sind. Ein Buch wie »Die rote Zora« hat das Mädchenbild meiner Söhne durchaus mitbeeinflußt, es ist ein notwendiges Gegenmodell zu den werbemäßig gebotenen »Informationen«. Daß das Thema Liebe die Menschheit seit ihrem Bestehen beschäftigt - erfreut und quält -, haben meine Söhne auch aus Märchen erfahren. Ich bin immer wieder erstaunt, welchen Erfahrungsschatz Märchen und Sagen Kindern vermitteln können, wenn man sich nicht auf eine für Kinder zurechtgestutzte Auswahl von wenigen »Hausmärchen« beschränkt. Da werden neben ergebenen Frauen starke und überlegene gezeigt, da ist von rasender Eifersucht die Rede, von glühender Leidenschaft und entsetzlicher Langeweile, von Verfallensein und glühendem Haß, von Treue, Untreue und Verrat. So altmodisch es manchen erscheinen mag, ich finde Märchen auch für Gespräche über Liebe unersetzlich, gerade weil heute so vieles anders ist - und so vieles gleichgeblieben.

In großen Städten werden Sie auf dem Programm von Kindertheatern immer wieder »Aufklärungsstücke« finden. Solche Theater sind oft sehr gut und bieten außerdem Aspekte, die zu berücksichtigen den Eltern vielleicht schwerfällt. Vorbildlich war da das heute schon legendäre Theater »Rote Grütze« in Westberlin. In seinen Stücken vermittelte es zum Beispiel mit Songs Stimmungen, die sich in Worten kaum ausdrücken lassen, und befreiendes Lachen können auch nicht alle Eltern bei ihren Kindern hervorrufen. Deshalb lohnt sich ein solcher Theaterbesuch immer. An Büchern kenne ich nur wenige, die mir wirklich gefallen:

Aufklärungsbücher:
Grethe Fagerström/Gunilla Hansson: Peter, Ida und Minimum, erschienen bei Ravensburger, vielfach aufgelegt, mit dem Jugendbuchpreis ausgezeichnet und ein absolutes Muß!
Babette Cole: Mami hat ein Ei gelegt. Verlag Sauerländer. Ein sehr witziges Aufklärungsbuch.
Gunilla Hansson: Ein Baby für uns alle! Ravensburger Buchverlag Otto Maier.

Literaturtips für Eltern zum Thema Sexualerziehung:
Martin Furian: Liebeserziehung. Anregungen zur Sexualaufklärung und Partnerschaft, Quelle und Meyer
Monika Höhn/Michael Höhn: Lieben lernen. Mit Kindern und Jugendlichen über Sexualität sprechen, PapyRossa Verlag, Köln

Sexueller Mißbrauch

Verunsichert durch Informationen, aufreißerische Artikel oder Fernsehberichte fragen sich viele Eltern mit einer Mischung aus Angst und Erstaunen, was das überhaupt ist: sexueller Mißbrauch.

Vorweggenommen sei, daß Kinder zu allen Zeiten mißbraucht wurden, indem sie von Erwachsenen zu Dingen gezwungen wurden, die sie nicht tun wollten und die nicht ihren Interessen dienten. Dabei haben sich die Grenzen dessen, was als »normal« galt und was als Mißbrauch oder Mißhandlung, immer wieder verschoben. Im vergangenen Jahrhundert war Kinderarbeit üblich, heute ist sie bei uns verboten, nicht jedoch in der Dritten Welt, wo Kinder nach wie vor auch für unseren Wohlstand schuften.

Auch sexuelle Tabus wurden im Lauf der Jahrhunderte höchst unterschiedlich gehandhabt, je nachdem, wie es in die jeweilige Gesellschaft paßte. So gab es immer Zeiten sexueller Freizügigkeit und solche absoluter Prüderie, unterstützt von Drohungen mit Todsünden und Fegefeuer.

Heute leben wir zweifellos in einer Zeit sexueller Freizügigkeit und umfassender Information. Es gibt keine Tabus, die für alle Gültigkeit haben - abgesehen von Körperverletzung und Inzest. Daß Väter ihre Töchter liebten und mißbrauchten, ist ein uraltes Menschheitsthema, das schon im Alten Testament erwähnt wird. Und über Inzest hat uns die Antike nicht nur die Ödipus-Geschichte überliefert, sondern noch viele andere Mythen.

Bei uns in Deutschland wird die Zahl der jährlichen Fälle sexuellen Mißbrauchs auf maximal 300.000 geschätzt. Sie geschehen größtenteils im Familienkreis. Großväter, Väter, Onkels und gute Bekannte sind die Täter. Opfer sind nicht nur Mädchen, sondern auch Jungen. Und auch Mütter mißbrauchen, viele als stumme Mitwisserinnen.

Was ist denn nun sexueller Mißbrauch? Darf ein Vater seine nackte Tochter nicht mehr auf den Schoß nehmen? Dürfen Eltern nicht mehr nackt mit ihren Kindern kuscheln?

Doch! Die meisten Kinder haben eine unbefangene Freude an ihrem Körper. Daß sie sich als schön, gesund, zu vielem fähig und voller Lebensfreude erleben, bildet die Grundlage ihres Selbstbewußtseins. Und Selbstbewußtsein ist der beste Schutz vor Mißbrauch aller Art.

Wenn ein Kind das Gefühl hat: Ich bin in Ordnung und mein Körper gehört mir, meine Eltern mögen mich, wie ich bin, und ich muß für diese Liebe nichts leisten, dann kann es in Familien mit verantwortungsbewußten Erwachsenen keinen Mißbrauch geben. Ein solches Kind wehrt sich gegen Küsse, die es nicht mag, und es setzt sich nicht auf den Schoß von jemand, bei dem es nicht sitzen will.

Dabei kann es durchaus vorkommen, daß Kinder Erwachsene gefühlsmäßig stark ansprechen und vielleicht sogar sexuell erregen. Kinder sind süß - und naiv.

Es liegt eindeutig und allein in der Verantwortung des Erwachsenen, die Grenzen festzulegen. Er wird bei sich merken, wann ein Schmusespiel besser abgebrochen wird oder wann Bekleidung angesagt ist. »Das geht zu weit!« ist ja auch sonst ein Satz, um Grenzen aufzuzeigen. Wo diese Grenzen liegen, bestimmt der Erwachsene im Hinblick auf sich: Wer befürchten muß, die Kontrolle zu verlieren, wird diese Grenzen enger ziehen als jemand, der sich sicher fühlt und, aber das ist immer eine Grundvoraussetzung, sich selbst achtet.

Sexueller Mißbrauch fängt da an, wo wir von unseren Kindern etwas erhoffen und wünschen, was uns selber gut tut. Wenn sich z.B. Papa mit Mama verkracht hat und nun von der Tochter getröstet werden möchte: »Bitte küß mich, mir geht es so schlecht!« Oder wenn die Mutter zum Sohn sagt: »Ich bin so traurig und kaputt. Kannst Du mich streicheln?« Es geht hier weder ums Küssen noch ums Streicheln, sondern um die Intention: »Kind, tu etwas für mich, ich bin arm dran und brauche Dich!«, verbunden mit der - offenen oder stillschweigenden - Drohung: »Sonst liebe ich Dich nicht mehr!«.

Der oft unausgesprochene elterliche Befehl: »Sorge für mich! Ich brauche Dich! (Und wehe, wenn nicht!)« ist übrigens nicht nur Bestandteil sexuellen Mißbrauchs, sondern auch zahlreicher anderer Symptome, die Kinder bis ins hohe Erwachsenenalter mit sich herumtragen können. Hierzu gibt es nur eine Alternative: die Achtung der Selbstbestimmung des Kindes und die Übernahme der Verantwortung des Erwachsenen für sein eigenes Leben. Nur allzugern machen wir ja andere für das verantwortlich, was wir nicht haben oder bekommen.

Aber auch bei verantwortungsvollen Familien läßt sich nicht völlig ausschließen, daß Kinder zu Opfern von sexueller Gewalt werden. Wie kann man sie davor schützen, und wie kann man es bemerken, wenn sie nicht darüber reden?

Neben den üblichen bekannten Vorsichtsmaßregeln wie der,

daß Kinder bestimmte oder lange Wege nicht alleine gehen, daß sie mit Fremden nicht mitgehen etc., gibt es nur einen Schutz: Selbstbewußtsein. Ein Kind, das unsicher ist, wird Passanten nicht um Hilfe bitten. Ein Kind, das im Zweifel gelassen wird, ob die Eltern es noch mögen, wird eher zu einem guten Onkel ins Auto steigen als ein Kind, das weiß, daß es geliebt wird. Ein Kind, das geschlagen wird, wird sich gern auch von Fremden streicheln und belohnen lassen.

Eltern, die ihr Kind gut kennen und beobachten, werden sofort bemerken, wenn etwas nicht stimmt. Vielleicht will die Tochter nicht mehr zum Sport oder zum Klavierunterricht und weint viel. Ein ruhiges Gespräch ohne Bedrängen wird die Gründe klären. Meistens werden sie harmlos sein.

Auffällige Zeichnungen oder extreme Verstimmungen werden ebenfalls ein Gesprächsgrund sein.

Hysterie ist immer fehl am Platz. Stattdessen sollten sich Eltern immer wieder fragen: Durch welches Verhalten kann ich meinem Kind heute zeigen, daß ich es bedingungslos mag? Und wie kann es selber feststellen, daß es zu vielem fähig und begabt ist?

Spielzeug für Schulkinder

Schulkinder haben meistens ziemlich präzise Vorstellungen von den Dingen, die sie sich zum Spielen wünschen. Diese Wünsche sind stark abhängig von den Dingen, die sie bei ihren Freundinnen und Freunden sehen, von der Schaufensterdekoration des Spielwarenladens in Ihrer Nähe (falls es einen gibt) und von den Prospekten, die Schulkindern in die Hände fallen.

Man sollte die Wünsche von Kindern in diesem Alter respektieren. Es macht nun mal sehr viel Spaß, mit diesem oder jenem zu spielen, wenn auch viele Klassenkameraden damit spielen: Was wären Fahrräder, wenn nicht die halbe Klasse eins hätte, oder Rollschuhe, mit denen man ganz allein fahren müßte?

Mir ist allerdings aufgefallen, daß viele interessante Spielsachen nicht so bekannt sind und daß es sich manchmal lohnt, für sein Kind einen besonderen Prospekt anzufordern oder in ein besonderes, abgelegenes Geschäft zu gehen, um ihm auch Alternativen zu sehr viel (beliebtem) Schund zu zeigen. Nicht alle Kinder lassen sich davon beeinflussen - aber man kann auch Überraschungen erleben.

Ich bin im Laufe der Jahre sehr viel toleranter geworden und sehe es mit Gelassenheit, wenn meine Söhne die von Oma geschenkten »Masters« hervorkramen oder ihr Taschengeld für ein Korkengewehr sparen. Ich habe von meinen Kindern gelernt, daß sie bestimmte Dinge »brauchen«, um ihre Aggressionen zu verarbeiten oder um Ängste loszuwerden. Ich würde ihnen sogar die heißgewünschten ferngesteuerten Autos, die mir selber ein Greuel sind, zu Weihnachten schenken, wenn Oma das nicht schon vorhätte. Und für die größten Scheußlichkeiten haben die Kinder ihr Taschengeld, das es ihnen ermöglicht, sich auch zwischendurch mal einen Wunsch zu erfüllen.

Ich erkläre meinen Kinder, warum ich bestimmte Dinge nicht mag, und sie akzeptieren das mildtätig. Beeinflussen lassen sie sich dadurch nicht. Jedenfalls nicht gleich.

So manches Spielzeug, das bald in der Ecke steht, läßt sich auf Basaren oder Trödelmärkten wieder verkaufen - eine gute Erfahrung, die außerdem noch Spaß macht. Umgekehrt kann man dort auch schnellebige Wünsche leichter erfüllen.

»Spielzeug«

Im folgenden habe ich ein paar Dinge aufgelistet, die nicht in jedem Kauflhaus zu finden sind. Wie immer ist die Auwahl sehr subjektiv, es sind eben Dinge, die *mir* gefallen.

Sportgeräte

Es hat wenig Zweck, einem Kind, das kein Interesse für Fußball hat, einen Lederball zu schenken. Es gibt aber viele Geräte, die Kinder sich gar nicht wünschen können, einfach weil sie sie noch nie gesehen haben. Wahrscheinlich gehören Hanteln dazu, ein Punchingball, an dem man seine Aggressionen ablassen kann, Geräte, die die Geschicklichkeit fördern (es gibt neuerdings Geschäfte für Artistenbedarf, die wahre Fundgruben für ungewöhnliche Spielgeräte sind!), und vieles mehr. Ich empfehle, rechtzeitig vor einem Geburtstag in einer Fachabteilung für Sportgeräte oder einem Geschäft für Artistenbedarf Erkundigungen einzuholen. Am besten ist, auf einem Fest, wo solche Geräte benutzt werden, die Akteure direkt anzusprechen.

Musikinstrumente

Auch wenn Ihr Kind keinen Instrumentalunterricht hat oder

haben will, freut es sich bestimmt über eine Mundharmonika, eine Plastikblockflöte (gutklingende gibt es für weniger als 20 DM), ein Glockenspiel, Xylophon oder Trommeln. Bongos sind machmal recht billig zu haben, notfalls kann man sie auch selber machen. Auch Schlaginstrumente, besonders Trommeln oder kleine Pauken eignen sich gut, um sehr motorischen Kindern zu mehr Ruhe und Konzentration zu verhelfen, auch zum Aggressionsabbau. Allerdings wird sich auf Instrumenten nur selten etwas im Selbstlauf erreichen lassen. Die Kinder brauchen zumindest anfangs eine liebevolle Einführung in die Eigenarten des Instruments. Wer an den Kauf teurer Instrumente denkt, sollte sich vorher zusammen mit dem Kind in einer Musikschule oder bei einem Musiklehrer gründlich beraten lassen - auf keinen Fall würde ich ohne eine solche Klärung ein neuerdings sehr billiges elektronisches Instrument aus dem Kaufhaus anschaffen.

Zeichenbedarf

Manche Kinder sind ausgesprochene »Maler«. Ihnen sollte man im Schulalter die Möglichkeit geben, neue Techniken und das entsprechende Material kennenzulernen. In größeren Städten werden vielerorts Kurse für Kinder angeboten, auch Bücher können weiterhelfen. Vielleicht wohnt in Ihrer Nähe ein Künstler, der Sie durch sein Atelier führt, oder Sie ziehen in einem Geschäft für Künstlerbedarf Informationen ein.

Ton

Ton ist ein Element, mit dem eigentlich jeder Mensch in seinem Leben einmal umgegangen sein sollte. Das Matschen, Kneten und Formen von etwas Bleibendem ist für Kinder Genuß und Erfahrung zugleich. Außerdem fördert das Kneten die Feinmotorik, die Ihr Kind z. B. zum Schreibenlernen braucht. Wichtiger als ein Brennofen ist eine Matschecke: Im Winter kann man sich mit Plastikfolien helfen, im Sommer auch draußen arbeiten. Fast jeder Töpfer brennt Arbeiten von

Kindern bei sich mit, zuvor müssen die Produkte aber gründlich trocknen (je nach Zimmertemperatur mehrere Wochen). Übrigens kann man sich Brennöfen (wie unsere Vorfahren) auch selber bauen - im Freien oder sogar auf dem Tisch. Wer Interesse hat, mehr darüber zu erfahren, erkundige sich in dem Buch von Angelika Hoffmann, Ton selber finden und brennen (z. Zt. vergriffen - in der Bücherei ausleihen!).

Experimentierkästen der Firma Kosmos
(Prospekt über Spielwarenläden oder Buchhandlungen oder direkt bei Franckh-Kosmos Verlag, Postfach 106011, 70049 Stuttgart). Diese Kästen sind seit Jahren erprobt und wirklich attraktiv. Zu beachten sind die Altersangaben (der einfachste Kasten ist ab 8 Jahren). Bereiche: Elektronik, Biologie, Chemie, Physik, Computer.

Technikbaukästen bekannter Firmen gibt es in jedem Kaufhaus. Man sollte sie unbedingt an interessierte Mädchen verschenken.

Schreibwerkzeuge: Stifte aller Art, gute Füller, Schreibmaschine, Druckstempel

Tagebuch und Poesiealbum

Zauberkästen und Detektivkoffer (diverse Firmen, u. a. Ravensburger und Kosmos, auf Altersangabe achten!)

Verkleidungszubehör: Handtaschen, Tücher, Hüte, Schminke in einer Korb- oder Holztruhe und - ganz wichtig - ein dreiteiliger großer Spiegel, damit man sich auch von allen Seiten angucken kann.

Handpuppen für ein Figuren- oder Schattentheater

Fotoapparat: Besonders attraktiv, wenn die Kinder irgendwo Gelegenheit haben, beim Entwickeln der Fotos dabei zu sein (Freizeitheime, bei Bekannten).

Taschenlampe

Messer (zum Schnitzen)

Kompaß, Magnet: Unterrichtsthemen in Klasse 3 oder 4

Uhr: Im zweiten Schuljahr wird die Uhr durchgenommen. Damit das Kind die Uhrzeit erlernen kann, muß es zunächst eine Zifferblatt-Uhr (keine Digitaluhr!) bekommen.

Wichtiger als Spielzeug - ein Bastelregal oder sortierter Abfall

Jedes Spielzeug verliert nach einer gewissen Zeit seinen Reiz. Was aber immer anziehend bleibt, ist ein großes Sortiment an Werkzeugen und Materialien für kreative Prozesse, zum Basteln, Werken, Produzieren. Das größte Problem dabei ist die Aufbewahrung: je enger die Wohnung, desto schwieriger. Vielleicht gibt es aber doch eine Kammer, einen Keller oder Boden, zumindest ein Regal für diese Dinge. Sehr gut eignen sich z. B. gleichgroße Pappkartons oder Plastikkästen, die aneinandergereiht und deutlich beschriftet sehr ordentlich aussehen können. Außerdem große Gläser mit Schraubverschluß, wie man sie von sauren Gurken o. ä. umsonst bekommt. Auch große Eisbehälter (in Eisdielen oder Pizzerias nachfragen) eignen sich gut für die vielen nützlichen Kleinigkeiten, die das Leben von Schulkindern so interessant machen können.

Hier meine Liste von Dingen, die man unbedingt im Haus haben sollte. Einen Teil gibt's gratis, anderes muß man kaufen.

Nach meinen Erfahrungen sichert man sich damit sehr viel Zufriedenheit.

Werkzeug

(Kein Kinderwerkzeug, sondern Qualitätsprodukte!)
großer und kleiner Hammer
Kneifzange
Schraubenzieher, groß und klein (und passende Schrauben)
Vierkantschlüssel
Metallsäge (eignet sich auch für Holz)
Nägel verschiedener Längen und Kopfgrößen
nicht zu kleine Scharniere
Zwingen zum Festklemmen von Werkstücken

Material

Teelichte
Holzreste (beim Tischler nachfragen, auch aus dem Wald)
Rundhölzer und Leisten
Schnur (stabil)
Holzleim
Alleskleber
Papierkleber
Gips
Tapetenkleister
Buntpapier
Transparentpapier
Tonpapier
Packpapier
Faltpapier (Origami)
Trinkhalme und Strohhalme
Knete oder Ton

9 St 88
WO IST MEIN HAMMER?
ICH HAB'S SCHON ANGENAGELT, PAPS!

Holzperlen
Zeichenpapier (vielleicht kennen Sie einen Computerfreak, der Ihnen das Papier schenkt)
Flachbatterie, Krokodilklemmen, Klingeldraht, Glühbirnen mit Fassung
Filz

Material zum Sammeln

Streichhölzer (auch abgebrannte) und Schaschlikspieße (Holz)
Pappschachteln aller Größen (Verpackungen)
runde Dosen (Kaffee- und Kakao-Dosen)
Filmdosen
Toilettenpapierrollen, große Papprollen (z. B. von Großfotos)
Gläser aller Art mit Schraubverschluß
Käseschachteln
Federn
Naturwolle (in den Ferien von Zäunen absammeln oder kaufen)
Wollreste
Stoffreste
Knöpfe (von Lumpen abschneiden)
Pappe (Rückseiten von Schreibblocks, zerschnittene Kartons)
Schraubverschlüsse aller Art
Stoffreste (am besten in Stücke zugeschnitten)
getrocknete Blätter und Blumen (Pflanzenpresse oder Telefonbuch)
Joghurtbecher verschiedener Größen
Zeitungen
Illustrierte und Kataloge
Watte
benutztes Geschenkpapier
Bänder von Geschenken
Borten und breite Bänder (Reste)

Schuhkartons
Walnußschalhälften

Für Handarbeiten

Nähnadeln, Faden
Stopfnadeln (vorn stumpf)
Stopfnadeln (vorn spitz)
Spitze und runde Schere (auf Qualität achten)
Häkelnadel (groß)
Stricknadeln

Regelspiele

Nicht alle Familien spielen gern, so möchte ich wirklich niemanden dazu überreden, mal wieder zu spielen. Fast alle Kinder haben zumindest ab und zu Spaß an Brett-, Würfel- oder Kartenspielen. Wenn sie keine Geschwister oder spielfreudigen Eltern haben, bietet die Schule ja hinreichend Gelegenheit, eine Freundin oder einen Freund anzusprechen: Hast du nicht Lust?. . .

Eine Grundausstattung an Spielen gehört in jeden Haushalt, und ich möchte hier einige Anregungen dazu geben. Auch ältere Menschen haben oft die Geduld und den Spaß an Spielen, der vielen gestreßten Eltern fehlt. Ich erinnere mich gut, daß wir Stunden mit meiner Omi beim Mensch-ärgere-dich-nicht und Mühle verbrachten. Wenn die Großeltern schon tot sind oder weit weg leben, können Sie vielleicht im Haus oder in der Straße, im Altersheim oder in einer Organisation per Anzeige oder Anschlag nach Menschen suchen, die Lust hätten, ab und zu mit Ihrem Kind zu spielen? Der geringe organisatorische Aufwand lohnt sich in jedem Fall.

Gekaufte Spiele sind sehr teuer, und viele werden nach längerer Benutzung langweilig. Bevor man ein Spiel kauft, sollte man es daher gründlich testen (in einigen Geschäften, die nur Spiele führen und darauf spezialisiert sind, ist das möglich); nicht mehr verwendete Spiele kann man nach einiger Zeit weiterverschenken oder auf dem Flohmarkt verkaufen. Eine andere Idee ist auch, sich Spiele selber zu machen. Schon Sechsjährige können einfache Würfelspiele entwerfen. Für ältere Kinder ist die Spiele-Herstellung nicht nur ein großes Vergnügen, sondern auch ein Riesenansporn, etwas zu schreiben. (weitere Anregungen s. u.)

Für die Herstellung von Spielen kann man Papiertischdekken verwenden (so wird der Tisch zum Spielbrett) oder einfache Pappe. Als Spielkarten (auch für Frage- oder Quiz-Spiele) eignen sich sehr gut unlinierte Karteikarten. Außerdem braucht man noch Filzstifte oder Wachsmaler, eventuell eine Zeichenschablone und gute Ideen. Als Spielsteine kann man Korken aller Art, kleine Steine, Knetmännchen oder sowieso vorhandene Spielzeuge (Holztiere, Autos, Bausteine) verwenden.

Wenn man Kindern zu Beginn einige Anregungen gibt, fangen sie meist von selbst mit der Produktion an. Die Erfahrung, daß manche Spiele langweilig werden oder schlecht funktionieren, sollten sie selber machen, d. h., Erwachsene sollten sich mit Belehrungen und Kommentaren zurückhalten.

Spiele, die man selber machen kann

Würfelspiele mit »Ereignissen«

Man braucht ein Spielfeld, auf dem die Figuren (Korken, Männchen) durch Würfeln fortbewegt werden. Besondere Felder (in einer anderen Farbe oder als Stern markiert) fordern zu bestimmten Handlungen auf: z. B. »Rücke drei Felder vor!« oder

»Zurück zum Start!« Oder: »Es ist kalt geworden, binde dir einen Schal um!« Noch witziger ist es, wenn man an bestimmten Punkten Ereigniskärtchen ziehen muß: »Spendiere eine Runde Kuchen!« oder »Sag das Einmaleins mit der drei!« Man kann auf das Spielfeld ein »Ziel« malen oder aber ohne Sieger einfach so lange spielen, bis es keinen Spaß mehr macht. Die Varianten sind unendlich und können sich auch auf politische Ereignisse, Umweltaktionen o. ä. beziehen. Es gibt auch Möglichkeiten, sich mit anderen Spielteilnehmern zusammenzuschließen. Dann zählt z. B. immer die Augenzahl beider Würfel - nebenbei bemerkt, eine gute Additionsübung für jüngere Schulkinder. Es kommt hier nicht auf lange Lebensdauer des Spiels an: Schon die Herstellung macht Spaß; wichtig ist nur, daß alle Familienmitglieder einbezogen werden.

Kartenspiele

Memory: Die Herstellung ist recht aufwendig, dafür kann es ein sehr persönliches Geschenk werden. Man benötigt sehr viele gleich große Pappkärtchen und Bildmaterial, wobei jedes Motiv doppelt vorhanden sein muß, und durchsichtige selbstklebende Folie. Bildideen: Gepreßte Blüten oder Blätter mit Namen; Tiere, die nicht so geläufig sind, Fotos von Familienangehörigen, Widerstandskämpfern, Dichtern, Malern etc. Bildmaterial erhält man z.B. gratis durch Verlagsprospekte und Druckmaterialien, die z. B. in Geschäften umsonst ausliegen. Mit dem Sammeln muß man allerdings rechtzeitig beginnen. Lehrreich ist auch ein Rechtschreibememory mit Wörtern aus dem Grundwortschatz.

Frage-Antwort-Spiele

Hierzu benötigt man nur Karteikarten oder Pappstücke gleicher Größe: Nun schreibt man immer auf eine Karte eine Frage, auf eine andere eine Antwort. Wenn man die Karten mischt, ergeben sich witzige Varianten, besonders wenn man Familienereignisse einbezieht.

Quiz

Hier geht es um »ernste« Fragen. Für richtige Antworten erhält man Punkte, Spielgeld oder Kekse. Damit Frage- und Antwortkärtchen nicht durcheinandergeraten, kann man sie numerieren, gleiche Gebiete können mit der gleichen Pappfarbe gekennzeichnet werden. Wenn Kinder unterschiedlichen Alters mitspielen, sollte man die Fragen und Antworten nach Altersgruppen differenzieren.

Spiele, die man kaufen kann

Das gemeinsame Spiel mit Freunden und im (erweiterten) Familienkreis ist im Alter von 6 bis 9 besonders wichtig: Hier lernen die Kinder Regeln kennen, Frustration auszuhalten, sich mit anderen zu arrangieren und gemeinsam Spaß zu erleben. Es ist deshalb sinnvoll, in jeder Familie ein Repertoire an käuflichen Regelspielen zur Verfügung zu haben. Es ist jedoch wesentlich sinnvoller, wenige Spiele zu besitzen, die auch wirklich gerne gespielt werden, als viele, die nur herumstehen. Die „Spiele des Jahres“ sind meist tatsächlich empfehlenswert - aber auch sie kann man mit Freunden austauschen. Auch Klassiker wie Mensch-ärgere-dich-nicht, Mühle, Schach u.ä. sind nicht zufällig so langlebig. Großeltern eignen sich meist ganz besonders dazu, diese bekannten Spiele mitzumachen.

Neue Spiele kauft man am besten in Fachgeschäften, in denen man sie auch ausprobieren darf. Der Werbung gegenüber sollte man durchaus mißtrauisch sein.

Spiele, die sich in unserer Familie bewährt haben, haben wir zusammengefaßt in dem Buch:
Gisela Preuschoff, Komm, wir spielen was zusammen. 100 Spiele - Tips und Tests für Leute von 0 bis 99, PapyRossa Verlag, Köln.
Darin finden sich sowohl Spiele, die man kaufen, als auch solche, die man selber machen kann: Körperspiele für die Kleinsten; Bewegungsspiele; Raufspiele; Spiele zum Kennenlernen; Geschicklichkeitsspiele; Spiele mit Papier und Bleistift; Plan- und Rollenspiele; Murmelspiele; Karton-, Brett- und Würfelspiele...

Aus: Gisela Preuschoff, Komm, wir spielen was zusammen.

Wenn's unbedingt sein muß! So macht das Üben Spaß

Die meisten Kinder lernen in den ersten Schuljahren mit Neugier, Freude und Eifer. Es gibt jedoch auch immer Kinder, die – aus unterschiedlichen Gründen – Lernprobleme bekommen. Mit Geduld, Fachkenntnis und Liebe kann diesen Kindern individuell geholfen werden. Lassen Sie sich so umfangreich wie möglich beraten, wenn Sie bemerken, daß Ihr Kind Probleme hat. Ansprechpartner sind neben dem Lehrer oder der Lehrerin schulpsychologische Beratungsstellen, die Erziehungsberatung, Ihr Kinderarzt, private oder Universitätsinstitute oder Beratungsstellen anderer Art. Pauschale Empfehlungen helfen nicht weiter. Sie müssen in Ihrer Umgebung herausfinden, was Ihrem Kind wirklich gut tut.

Mathematik im 1. Schuljahr

Im ersten Schuljahr sollen Kinder im Zahlenraum bis 20 Plus- und Minusaufgaben rechnen lernen. Die Anforderungen, die in einzelnen Bundesländern und einzelnen Schulen (bzw. von einzelnen Lehrern) gestellt werden, sind sehr unterschiedlich. Meiner Meinung nach sollte kein Kind einer ersten Klasse zusätzlich zur Schule zu Hause üben müssen. Sollte die Lehrerin Ihres Kindes das dennoch angeordnet haben, empfehle ich folgende Übungen:

Bevor ein Kind »rechnen« kann, muß es erst mal eine Mengenvorstellung entwickelt haben; d. h., wenn es mühsam lernt, sich die abstrakten Ziffern 1, 2, 3, 4, 5, 6, 7, 8, 9, 10 zu merken und sie auch zu schreiben, muß es wissen, welche Mengen mit diesen Zahlen gemeint sind. Das beste Hilfsmittel hierfür sind die 10 Finger; um Abwechslung zu ermöglichen, sollte man aber auch andere Gegenstände (Knöpfe, Steine, Pfennige, Spielautos etc.) benutzen und das Kind mit diesen Dingen konkret hantieren lassen. »Zeig mir fünf Autos!« »Gib mir sieben Steine!« Erst wenn das Kind die Menge bis 10 sicher beherrscht, kann man den Zahlenraum bis 20 ausdehnen.

Jede Rechenoperation muß das Kind zuerst mit konkreten Gegenständen ausgeführt haben. Also 2 Autos plus 3 Autos auf einen Parkplatz fahren: Wie viele Autos parken da jetzt?

Als nächsten Schritt kann man sich auf das Aufmalen der Gegenstände beschränken. (Es ist wichtig, keinen Schritt zu überspringen, da sich geistige Operationen wie das Rechnen aus konkreten Handlungen entwickeln.) Also .

Und erst, wenn dies »begriffen« ist, zu der Aufgabe 2+3 = ? übergehen.

Zum Rechnen darf das Kind nach wie vor seine Finger benutzen, es zu verbieten, verzögert den Lernprozeß nur. Wenn das Kind sicher im Zahlenraum rechnen kann, automatisieren sich die Denkvorgänge von selbst, es läßt die Finger selber weg, das kann jedoch lange dauern, bis ins 2. und 3. Schuljahr hinein.

Wenn das Kind zur Übung rechnet, sollte man es für jede richtige Aufgabe loben und bei falschen Lösungen auf die konkreten Gegenstände zurückgreifen, ohne zu tadeln. Sehr gut ist auch, wenn Kinder die Möglichkeit haben, ihre Aufgaben selber zu kontrollieren, z.B. indem man sie auf Karteikarten schreibt, auf deren Rückseite die Lösung steht.

Natürlich kann man auch kleine Belohnungen aushandeln,

für jede richtige Aufgabe ein (zuckerfreies) Kaugummi oder so..., aber ganz besonders viel Spaß macht es, wenn bei richtigen Aufgaben ein rotes Lämpchen aufleuchtet. Dazu benötigt man eine elektrische Anlage, wie sie z. B. von den Lehrern der Gesamtschule Veen entwickelt worden ist.

Das elektrische Spiel sowie viele andere Übungsspiele sind zu beziehen über Marion Beenen-Körwers, Lehrmittel, Issumer Weg 19, 46519 Alpen, Tel. 0 28 02/55 70 (Katalog anfordern!).

Maria Montessori hat sehr anschauliches Mathematikmaterial entwickelt, das allerdings nicht käuflich zu erwerben ist, sondern selber hergestellt werden muß. Man benötigt dazu Draht und Perlen, dunklen Samt als Unterlage und Aufbewahrungskästen.

Fortbildungen zu diesem Thema veranstaltet
Claus Dieter Kaul
Institut für ganzheitliches Lernen
Sankt Johanser Str.66
83707 Bad Wiessee
Tel. 08022/83483 oder 83776

Zehnerüberschreitung

Die Überschreitung des Zehners bei Aufgaben wie 5+7, 3+9 etc. stellt eine besondere Schwierigkeit dar, die entsprechend gesondert geübt werden muß. Zunächst muß das Kind den Zahlenraum bis 20 erfaßt haben, wozu wieder konkrete Gegenstände herangezogen werden sollten. 20 ist aber auch 10+10, was sich besonders übersichtlich darstellen läßt, wenn man in eine Reihe 10 Knöpfe oder Spielfiguren und in eine weitere Reihe genau darunter wiederum 10 Knöpfe, Spielfiguren u.ä. legt. Sehr empfehlenswert ist auch eine Rechenkette: Auf einen Schnürsenkel fädelt man 10 blaue und 10 rote Perlen so, daß sie sich hin- und herschieben lassen. Auch die schon lange

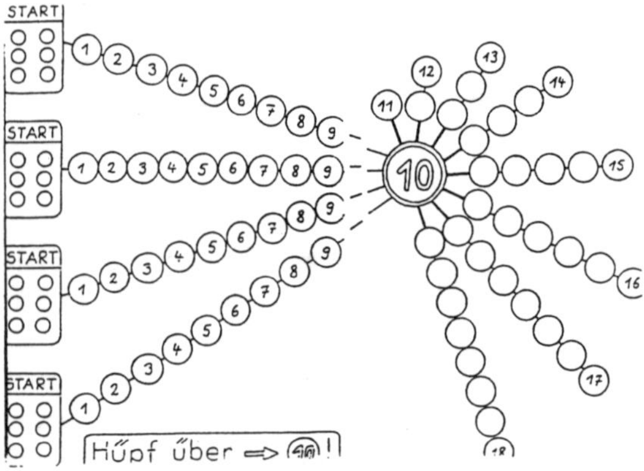

Spielplan

Regeln
Hüpf über 10

Herstellung: Die beiden Vorlagen werden zu einem Spielplan auf einen kräftigen Karton geklebt, farbig gestaltet und mit Folie umzogen. – Einen Würfel (etwa 3 mal 3 cm) wird jeder Hobbybastler leicht herstellen können. Die Kanten und Ecken sollten gut abgeraspelt und geschliffen werden. Die sechs Würfelseiten werden mit den Zahlen 4 bis 9 beschriftet (eventuell große Markierungspunkte aufkleben und beschriften). Spielfiguren in vier verschiedenen Farben für die vier Startplätze sind sicherlich in jeder Schule vorrätig.

Spielstrategie: Zwei bis vier Schüler können mit je sechs Spielfiguren starten. Wer bei einem ersten Würfeldurchgang die höchste Zahl würfelt, beginnt das Spiel. Alle Spieler würfeln im Uhrzeigersinn und setzen beim ersten Wurf die erste Spielfigur auf das Feld der gewürfelten Zahl. Wenn beim zweiten oder dritten Wurf ein Spieler seine Figur über die ⑩ ziehen will, muß er zuerst das Ziel (Felder ⑪ bis ⑱!) ansagen; dann erst darf er ziehen, indem er weiterzählt. Hat er ein »falsches Ziel« angesagt, scheidet die Figur ohne Punktgewinn aus und wird wieder an den Start gestellt! So werden alle sechs Figuren auf die gleiche Weise »durch Ansagen« über die ⑩ gezogen.

Gewonnen hat der Schüler, der als erster alle sechs Figuren über die ⑩ zum Ziel bringt.

Folgendes Beispiel zeigt die möglichen Spielzüge des Spielers A:

Er würfelt »7« und rückt auf ⑦. Beim nächsten Wurf würfelt er »8«. Bevor er über die ⑩ zieht, muß er sein Ziel 7 + 8 = ⑮ ansagen. Erst dann darf er zählend ziehen. Er landet auf ⑮.

Toll! Diese Figur hat ihr Ziel erreicht und ist »draußen«! So werden beim weiteren Würfeln alle sechs Figuren »Zug um Zug« über die ⑩ gebracht. Gewonnen hat der Schüler, der als erster alle sechs Figuren durchs Ziel brachte.

üblichen »Rechenmaschinen« (in einem Ständer in Zehnerreihen geordnete 100 Perlen in verschiedenen Farben, die sich auf Metallstäben hin- und herschieben lassen) können hierfür genutzt werden, obwohl die Menge der Perlen zur Verwirrung beitragen kann.

Jedes Kind wird auf andere Materialien besonders ansprechen. Ich selber finde Muggelsteine sehr schön (runde Plastikknöpfe in verschiedenen Farben, die sich auch leicht mit dem Bleistift umfahren, d. h. abmalen lassen); man bekommt sie in Spielzeugläden mit Kindergartenbedarf. Wenn man je 10 Muggelsteine auf zwei gleich großen Pappstreifen abmalt und diese Vorlage mit 10 + 10 z. B. roten und gelben Muggelsteinen belegt, kann man alle Aufgaben im Zahlenraum bis 20 zunächst als konkrete Handlung ausführen. (»Hier sind 20 Muggelsteine. Wie viele bleiben übrig, wenn du 11 wegnimmst?« Als nächsten Schritt kann man die Aufgaben mit Punkten rechnen: 20 Pünktchen werden in einer Reihe aufgemalt; die weggenommenen werden ausradiert, gelöscht oder durchgestrichen. Erst als dritter Schritt folgt dann die Aufgabe 20 - 11 = ?)

In dem Spiel »Hüpf über 10« wird die Zehnerüberschreitung in Form eines Gesellschaftsspiels geübt. Mein Sohn brachte es im zweiten Schuljahr begeistert mit nach Hause und wäre nie auf die Idee gekommen, daß es sich dabei um eine mathematische Übung handelt. (Spielplan und Regeln s. rechts)

Viel Spaß macht auch das Rechnen mit zwei oder später drei Würfeln: Sieger ist, wer nach 10 Würfen (abänderbar!) die höchste Punktzahl erreicht hat. (Würfelbecher benutzen): Wenn mehrere Kinder mitspielen wollen, können natürlich auch »Mannschaften« gebildet werden.

Wichtig bei allen Übungen ist, daß sie anschaulich sind und dem Kind Spaß machen: Ob man nun z. B. bei Minus-Aufgaben einen kleinen frechen Bruder Gummibärchen klauen läßt oder ein Monster Muggelsteine verschlucken und wieder auskotzen läßt, das ist Ihrer besonderen Situation überlassen; mit abstrakten und humorlosen Aufgaben bringt man Kinder in ihrem Denken nicht weiter und macht sie darüber hinaus mutlos. Übrigens sind fast alle »normalen« Gesellschaftsspiele Mathe-Übungen für das erste Schuljahr!

2. Schuljahr

Im zweiten Schuljahr wird der Zahlenraum bis 100 erweitert. Zu den Plus- und Minusaufgaben kommen jetzt Mal- und Geteilt-Aufgaben dazu.

Um den Zahlenraum bis 100 zu veranschaulichen, eignet sich die Hundertertafel, ein Raster aus 10 mal 10 Quadraten, die in Zehnerreihen untereinander angeordnet sind. Wenn man solche Raster vervielfältigt (fotokopiert), lassen sie sich immer wieder neu füllen: mit Pünktchen, mit Sternen, mit Kindern, die aus dem Fenster gucken, oder mit kleinen Gegenständen (Reiskörnern, Linsen, Perlen). Mehrmals sollte man all diese Zahlen in die Raster schreiben, wobei die Reihenfolge ruhig gemischt werden kann: Wohin gehört die 45? Wohin muß ich die 100 schreiben?

Auch Malnehmen und Teilen müssen Kinder zunächst in Zusammenhang mit konkreten Handlungen begreifen. Muggelsteine oder Spielkarten eignen sich zum Austeilen: 2+2+2= 3:2, oder umgekehrt: Wir haben 21 Spielkarten und spielen zu dritt: 21:3. . .

Erst wenn diese grundlegenden Operationen begriffen sind, kann man dazu übergehen, das Einmaleins zu üben, bis es schließlich auswendig heruntergerattert werden muß. Einmaleinsaufgaben kann man auf langweiligen Autofahrten, in Sprechzimmern bei Ärzten oder daheim in allen Lebenslagen üben. Ich finde es auch nicht sehr schlimm, gelegentlich kleine Preise für richtig gerechnete Aufgaben auszusetzen, besonders zu Anfang, wenn die Freude, etwas zu können, sich noch nicht so entwickeln konnte. Reiche Abwechslung und das Eingehen auf die individuellen Bedürfnisse eines jeden Kindes können »Übungsstunden« zum fröhlichen Beisammensein werden lassen, zu Minuten, in denen das Kind spürt, das man sich Zeit für es nimmt und die ihm gestellten Anforderungen interessant und wichtig findet.

3. und 4. Schuljahr

Im dritten Schuljahr wird der Zahlenraum bis 1000 erweitert.

Ich erinnere mich noch sehr gut, wie mein ältester Sohn tagelang damit beschäftigt war, eine Zahlenrolle herzustellen, die von 1 bis 1000 ging. Dazu mußte er Papierstreifen aneinanderkleben, sie wie für eine Treppe waagerecht knicken und dann mit den Zahlen beschriften, wobei jeweils die glatten Zehner und Hunderter mit Rot hervorgehoben wurden. Diese Aufgabe war ihm in der Schule gestellt worden, jeder Schüler konnte die Zeit, die er dafür benötigte, selbst bestimmen, und gerade deshalb wurden einige besonders eifrig. Es ging um die Wette, eines Tages bei der Tausend anzukommen. Obwohl diese Aufgabe sehr mühsam und auf die Dauer langweilig ist, glaube ich doch, daß es eine gute Erfahrung ist, einmal alle diese tausend Zahlen geschrieben zu haben.

Wer noch die Hunderter-Raster aus dem zweiten Schuljahr hat, kann nun bis ins Unendliche weiterlegen. Das Erkennen solcher mathematischer Ordnungen ist für viele Kinder ein faszinierendes Erlebnis. Auch ein Kilometerzähler, am Fahrrad angebracht, veranschaulicht die Abfolge der Zahlen deutlich, allerdings wird es eine Weile dauern, bis Ihr Kind 1000 km gefahren sein wird. Ob Sie darüber eine Wette abschließen, wie lange?

Neue Rechenarten kommen im dritten und vierten Schuljahr nicht hinzu, es geht lediglich um den sicheren Umgang mit Plus-, Minus-, Mal- und Geteiltaufgaben. Beim Üben kommt es jetzt darauf an, sich an die Rechenwege zu halten, die in der Schule bzw. in dem benutzten Buch eingeschlagen werden, sonst wird das Kind verwirrt. Gerade bei »eingekleideten« (Text-)Aufgaben oder der schriftlichen Addition, Subtraktion, Multiplikation und Division müssen die Kinder sich sehr penibel an die Erklärungsmodelle ihrer Lehrer halten, weil sie sonst unter Umständen trotz richtiger Ergebnisse in bewerteten Mathearbeiten nicht die erforderliche Punktzahl erreichen.

Wenn Ihr Kind Matheprobleme hat, die Sie nicht nachvollziehen können, sollten Sie in jedem Fall mit der entsprechenden Lehrerin Kontakt aufnehmen. Wichtig ist auch im dritten und vierten Schuljahr noch, daß man sich, wenn ein Kind nicht mehr folgen kann, die Zeit nimmt, genau zu ergründen, von welchem Punkt an was nicht verstanden wurde. Sich dann zurück auf die konkrete Handlungsebene zu begeben ist kein Umweg, sondern der einzige Weg zu einem sicheren und dauerhaften Verständnis. Kariertes Papier (1 Kästchen = 1), Plättchen und konkrete Gegenstände sollten immer wieder herangezogen werden, wenn es mit den abstrakten Zahlen nicht weitergeht.

Taschenrechner und Rechenmaschinen

Es ist wichtig, einen bei allen Kindern sehr begehrten Taschenrechner zunächst nur zur Kontrolle benutzen zu lassen, bis das Kind klare Vorstellungen über den Zahlenraum hat sowie sicher im Rechnen und Umgang mit den vier Grundrechenarten ist. Kein Kind wird einsehen, daß es das Einmaleins oder die schriftliche Addition begreifen soll, wenn es immer und überall einen Taschenrechner zur Verfügung hat. Umgekehrt wird es die Aussagen des Taschenrechners erst dann richtig verstehen können, wenn es eben sie vorher ohne Taschenrechner begriffen hat. Ein Taschenrechner sollte dem Kind also besser erst als krönender Abschluß mathematischer Erkenntnisse, nicht schon als Grundlage geschenkt werden. Warten Sie also damit, und holen Sie auch die Meinung der Lehrerin dazu ein!

Wer sich gut beraten läßt, kann seinem Kind vielleicht eines jener angebotenen Mathe-Übungsspiele schenken, die Aufgaben stellen und bei einer falschen Lösung zum nochmaligen Rechnen auffordern, d. h. die richtige Lösung nicht einfach »vorsagen«.* Geräte können niemals Denkprozesse des Kindes ersetzen. Beherrscht es diese Denkprozesse aber erst einmal, kann es mit Hilfe seines Rechners sehr kreativ an Aufgaben herangehen, die seinen momentanen Wissensstand übersteigen. So errechnete mein Sohn z. B. die Summe, die er mit seinem Freund für eine Nordpolexpedition benötigen würde, wozu er den Katalog eines Sportversandhauses als Preisgrundlage für die Ausstattung nahm.

An diesem Beispiel zeigt sich nicht nur der sinnvolle Gebrauch von Maschinen, sondern auch, wie sehr sich die Motivation zum Lösen sehr schwieriger Augaben erhöht bzw. daß die Frage nach der Motivation sich gar nicht erst stellt, wenn es sich um Aufgaben handelt, die dem Lebens- und Interessenbereich der Kinder entnommen sind.

Lesen

Lesen, für viele Erwachsene ein selbstverständlicher, automatisierter Prozeß, ist für Kinder noch eine komplizierte geistige

*Elektronisches Übungsmittel »Little Professor« (Texas Instruments) (Taschenrechner, der selber Aufgaben stellt)

Handlung, die aus mehreren Schritten besteht. Die Buchstaben müssen Lauten zugeordnet werden (wie verschieden klingt z. B. das e in verschiedenen Wörtern!), und verschiedene Laute müssen als sinngebende Worte erfaßt werden. Umgekehrt müssen Worte, die sich spontan als Gewirr von Buchstaben oder Zeichen zeigen, als sinnvolle Einheiten entschlüsselt, d. h. in einzelne Laute zerlegt und verstanden werden.

Über lange Jahre gab es einen pädagogischen Streit um die beste Leselernmethode: synthetisch oder analytisch? Beginnt man mit dem einzelnen Buchstaben oder dem ganzen Wort? Inzwischen sind sich alle ernst zu nehmenden Experten einig darüber, daß die analytisch-synthetische Methode die sinnvollste ist, allein jedoch nicht ausreicht, um alle Kinder zu guten Lesern zu machen. Analythisch-synthetisch vorgehen heißt, mit einem einfachen, sinnvollen Wort zu beginnen (Oma, Ali, Ina) und dies sogleich in seine Bestandteile O M A zu zerlegen. Solche abstrakten Übungen wird das Kind aber nur dann gerne mitmachen, wenn es darin einen Sinn sehen kann, d. h. Lesen als sinnvolle, gewinnbringende Beschäftigung erleben kann und sich selbst in dem zu lesenden Material wiederfindet.

Weil es nur wenige, vielleicht sogar keine Fibeln gibt, die diese Ansprüche voll erfüllen, sind einige Lehrer dazu übergegangen, sich die Fibeln mit den Kindern selbst herzustellen bzw. jedes Kind mit seinen besonderen Wörtern in die Kunst des Lesens einzuführen. Hierzu gehört eine Menge Erfahrung und Sicherheit, es ist allerdings auch die beste Methode.

Deshalb empfehle ich Ihnen auch für häusliche Übungen, sich gemeinsam mit dem Kind Material herzustellen, aus Fotografien der Familie samt Haustieren, aus Spielzeugkatalogen, Bilderbüchern und eben den Dingen, mit denen sich ihr Kind gern beschäftigt. Beschriften Sie ein Zimmer bzw. Gegenstände in Ihrer Wohnung mit Wortkarten (auf den Schrifttyp achten, der auch in der Schule benutzt wird), beschriften Sie den Frühstücks- oder Mittagstisch, und machen Sie sich einen Spaß daraus, geheime Zettel zu schreiben, Dinge absichtlich falsch zu beschriften (Merkt sie's oder nicht?).

Doch gehen wir der Reihe nach vor: Zunächst müssen die einzelnen Buchstaben »gemerkt« bzw. unterschieden und von ihrem Laut her beherrscht werden. Hierzu können Sie mit Ihrem Kind ein ABC-Poster schaffen: In der Reihenfolge, in der das Kind die Buchstaben lernt, übertragen Sie diese auf eine große Pappe und suchen gemeinsam nach Bildern von Gegenständen, Tieren oder Menschen, die mit diesem Buchstaben beginnen. Natürlich gibt es auch die verschiedensten fertigen Bücher, die Sie Ihrem Kind hierzu schenken können (s. Buchempfehlungen am Ende des Abschnitts „Bücher für 6-9jährige" im Kapitel „Was tut das Kind am Nachmittag?"); etwas selber herzustellen bringt jedoch meistens mehr Spaß und entsprechend mehr Wissen. Also z. B. P und p (Foto von Papa). Sie können auch eine Leine durch den Raum spannen, die frisch gelernten Buchstaben daran befestigen und mit Wäscheklammern entsprechende Gegenstände dazuhängen, z. B. S und s (Socken aufhängen). Besonders beliebt sind Gegenstände, die im Schulbuch bestimmt nicht vorkommen: Klopapier zum Beispiel, Mamas Unterhosen oder Babys Windel.

Kennt das Kind eine Reihe von Buchstaben sicher bzw. kann es erste Wörter erlesen, muß das Analysieren und Synthetisieren einzelner Wörter immer wieder geübt werden. Hierzu kann man Wortkarten zerschneiden (»Wir zerschneiden jetzt den Kuli in Ku und li.«) und wieder zusammensetzen. Besonders begeistert sind Kinder von diesen Übungen, wenn sie dazu den Leseturm benutzen dürfen. (s. Abbildung) Man kann ihn selber herstellen oder bei der Firma Marion Beenen-Körwers, Lehrmittel (Issumer Weg 19, 46519 Alpen, Tel.: 02802/5570) für ca. 25 DM bestellen. Die Benutzung macht deshalb soviel Spaß, weil das Lesen mit einer konkreten Handlung (Hin- und Herschieben) verbunden ist; außerdem stellt sich die Erfolgskontrolle per Bildkarte sofort ein.

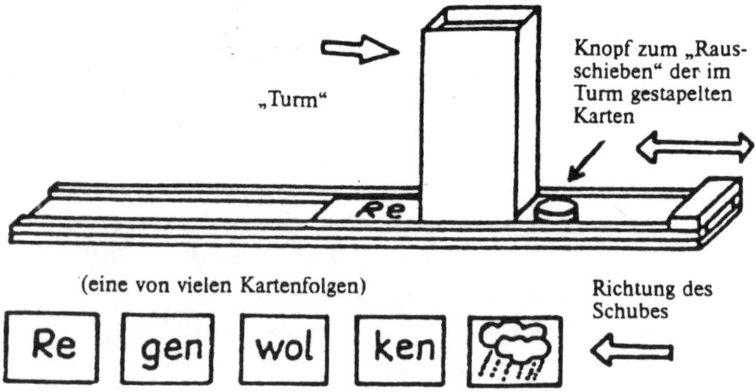

Leseturm

Der hier abgebildete Leseturm (in der Zeitschrift »Grundschule«, Heft 10/1986, Westermann-Verlag Braunschweig, beschrieben) ist schon »Fertigprodukt«. Wenn das Kind das Prinzip des Lesens erfaßt hat und sich - wenn auch sehr langsam und mühsam - neue Wörter erlesen kann, hat es mehr Spaß an selbsthergestelltem, es persönlich ansprechendem Material als an nichtssagenden Texten aus irgendwelchen Büchern. Die Schrift muß groß und deutlich sein, der Inhalt das Kind mit seinen besonderen Interessen ansprechen. Ein beschriftetes Fotoalbum z. B. ist für viele Kinder interessant, oder eine Speisekarte, nach der es sich Essen aussuchen darf (ankreuzen), ein echter Brief, der mit der Post kommt, ein vereinfachter Spielzeugkatalog u. ä. Wichtig ist, daß der Text das Kind nicht überfordert, denn wenn es gewohnt ist, daß z. B. der Papa oder eine größere Schwester sehr gut vorliest, dann mag es sein eigenes mühsames Stottern nicht recht einsehen. Diese »Durststrecke« läßt sich aber nur durch Übung überwinden, und Übungen sind nur sinnvoll, wenn sie dem Kind Spaß machen und ihm zeigen, daß es vorankommt.

* Schriftliche Botschaften aushängen: Guten Morgen, lieber Paul! Hast du gut geträumt? Oder: Wer in diesen Schrank guckt, findet ein kleines Auto.

* Gemeinsam mit dem Kind ein schönes Bilderbuch aussuchen (es gibt inzwischen auch viele gute Taschenbücher!), das es allein lesen darf.

* Aus einer Zeitung Wörter ausschneiden, die das Kind schon lesen kann. Wie viele schaffst du? Eventuell zu einer Collage zusammenstellen oder zu einem »Erpresserbrief« (Anregung aus dem köstlichen Buch von Hilke Raddatz: Der Erpresser von Bockenheim, Büchergilde Gutenberg).

* Nach einem einfachen, selbstgeschriebenen Kochrezept etwas Leckeres kochen oder backen.

* Von einem Wunschzettel etwas aussuchen, z. B. Du darfst heute:

Mit Papa Fußball spielen oder Mit Mama eine Lampe basteln oder Mit Opa schwimmen gehen.

* Kleine Aufgaben nach einer schriftlichen Vorlage erfüllen: Bring mir ein rotes Auto! Such drei Brotkrümel! Gib deinem Bruder einen Kuß! Ruf Oma an! Mal eine Ente!

* Ein Wörter-Memory herstellen und gemeinsam spielen.

* Was ist dir lieber? (Nach dem gleichnamigen Buch von J. Burningham) Würdest du lieber für 100 Mark eine Fliege essen oder für 200 Mark in einem Gespensterschloß übernachten?

Schreiben und Rechtschreiben

Es gibt sehr unterschiedliche Schreiblehrgänge für Erstkläßler. Sie werden oft im Zusammenhang mit der Fibel angeboten, sind manchmal jedoch auch völlig davon getrennt. Wenn die Lehrerin Ihres Kindes auf spezifischen Übungen besteht, muß man sich sinnvoller Weise daran halten. Prinzipiell finde ich es immer besser, für jedes Kind ein individuelles Programm zu erstellen, das gerade diesem Kind Freude macht.

Egal, welcher Schreiblehrgang in der Schule benutzt wird, zunächst muß ein Kind, das schreiben soll, feinmotorische Fertigkeiten entwickeln. Es gibt Kinder, die im ersten Schuljahr sofort liebevoll und geduldig e-Schleifen und l-Schleifen schreiben, andere tun sich sehr schwer damit, was übrigens gar nichts mit Intelligenz zu tun hat. Ich habe viele Kinder mit bildschöner Handschrift kennengelernt, die diese Tätigkeit liebten, gerade weil sie kein selbständiges Denken verlangt, und andere geistig rege Kinder, die nicht wußten, wie sie den Bleistift halten, geschweige denn einen Buchstaben zu Papier bringen sollten. »Schwungübungen« (das Nachfahren bestimmter Formen, ohne mit der Hand abzusetzen) werden häufig schon in Kindergärten und Vorschulen gemacht, andere Kinder müssen sich noch lange Zeit im ersten Schuljahr damit abgeben.

Zu Buchstaben darf man erst übergehen, wenn die kleine Hand die in den Buchstaben vorkommenden Elemente (Schleifen, Haken etc.) flüssig nachfahren kann. Da Buchstaben bekanntlich verschieden schwer zu schreiben sind, sollte man - unabhängig vom Lesen - mit einfachen Formen beginnen: Das kleine e und das kleine l sind da zweifellos die einfachsten.

So werden nach und nach Buchstaben und erste Wörter geübt (und zwar nach dem Schreiblehrgang in der Schule, an seinen Aufbau sollte man sich halten). - Das Kind wird mehr Freude daran haben, wenn es zu Hause z. B. besonders schöne Stifte, besonderes Papier (ein neues Heft oder farbige Blätter) benutzen darf und wenn es merkt, daß sein - wenn auch noch primitives - Tun gewürdigt wird, indem man diese Schriftstücke z. B. in der Wohnung aufhängt, an Oma schickt oder in das Tagebuch, das die Eltern über das Kind führen, feierlich einklebt. Wenn Sie mit dem Aussehen der Buchstaben nicht zufrieden sind, ist es sinnvoller, die am besten gelungenen rot zu unterstreichen oder einzukreisen, als weniger Gelungenes zu tadeln.

Weil es sehr schwierig ist, ein ganzes Alphabet mit jeweils vier verschiedenen Buchstabenformen im Gedächtnis zu behalten, ist es sinnvoll, mit dem Kind ein Poster zu schaffen, z. B. ein großes Haus, in dessen Fenster die Buchstaben eingetragen werden: jeweils in Druck- und Schreibschrift, groß und klein.

Eine andere Möglichkeit ist, die Buchstaben auf einzelne Kärtchen zu schreiben und dann vom Kind in Vierergruppen ordnen zu lassen. Oder, mit vielen bunten Stiften werden die Buchstaben auf einzelne Blätter geschrieben - jeweils die vier verschiedenen Formen - und im Zimmer an einer Leine aufgehängt (z. B. Wäscheklammern).

Wenn das Kind alle Buchstabenformen sicher beherrscht, beginnt das Schreiben sinnvoller Wörter. Jetzt ist es wichtig, nicht irgendwelche Wörter zu benutzen, sondern die, die auch in der Schule »verlangt« werden. Inzwischen wird in fast allen Bundesländern nach einem sogenannten Grundwortschatz gearbeitet. Umstritten ist die Auswahl der jeweiligen Wörter, nicht das Prinzip: Denn wenn man bestimmte Wörter - eben den Grundwortschatz - richtig schreiben kann, kann man 80 Prozent aller Wörter richtig schreiben, da der Grundwortschatz nach der Häufigkeit, in der die Wörter tatsächlich in der Sprache vorkommen, ausgesucht wurde. Der Grundwortschatz enthält für das erste Schuljahr nur wenige Wörter und wird von Klassenstufe zu Klassenstufe auf einige hundert Wörter gesteigert.

Bevor ich einige Anregungen gebe, wie man mit Hilfe des Grundwortschatzes Rechtschreiben üben kann, möchte ich noch auf etwas Wichtiges hinweisen. Wenn Ihr Kind begriffen hat, daß Schreiben nicht nur das mühsame Zu-Papier-Bringen bestimmter Buchstabenformen ist, sondern ein Ausdrucks- und Verständigungsmittel, also etwas ganz Wichtiges und Kreatives, wird es anfangen, auf seine Art Botschaften zu verfassen, Inhalte schriftlich zu fixieren. Dabei wird es seine eigene Rechtschreibung benutzen, das heißt, nur wenige Wörter wird es so schreiben, wie sie tatsächlich geschrieben werden. Verlieren Sie bitte keine Worte darüber! Der Prozeß, der dahintersteckt - nämlich das Schreiben als etwas Bedeutsames entdeckt zu haben -, ist weitaus wichtiger als die oft willkürlich festgelegten Regeln der deutschen Rechtschreibung! Freuen Sie sich also über »Libe Mama ich bin wek«, und machen Sie sich klar, daß die deutsche Sprache eben keinesfalls lautgetreu geschrieben wird. Das Wort Fuchs z. B. könnte man Fuks, Fux oder Fucks schreiben. Daß Rechtschreibung wirklich eine harte Sache ist, die auch viele Erwachsene nicht beherrschen, darf ein Kind ruhig wissen. Zeigen Sie ihm also den Duden, und machen Sie ihm klar, daß es wichtig ist, bei Unsicherheiten nachzuschlagen. Das ist kein Zeichen von Schwäche, eher eins von Stärke.

Ich kann Ihnen versichern, das Kinder bis zum 6. Schuljahr gerade in Aufsätzen schrecklich viele Fehler machen, die noch nicht berücksichtigt werden dürften: Denn kreativ zu schreiben und richtig zu schreiben sind zwei verschiedene Dinge, die behutsam nebeneinanderher gelernt und im Laufe der Zeit in Übereinstimmung gebracht werden müssen. Also einerseits wenige Wörter nach und nach richtig schreiben und üben lassen, und andererseits sich über jede schriftliche Mitteilung freuen, die das Kind selbständig zustande bringt!

Und noch etwas: Manche Kinder lesen sehr gern, schreiben aber höchst ungern. Darüber braucht man sich keine allzu großen Sorgen zu machen: Wer viel liest, prägt sich auch die Schriftbilder der Wörter ein und lernt auf diese Weise eine Menge.

Richtig schreiben üben

Gerade wenn dem Kind die Schule keinen Spaß macht, muß man zu Hause andere Übungsformen zu finden. Arbeitet es z. B. in der Schule mit einer Rechtschreibkartei, lassen Sie sich für zu Hause etwas Neues einfallen.

Rechtschreibkartei
Überreichen Sie dem Kind feierlich einen kleinen Karteikasten (oder eine hübsch beklebte Schachtel) mit Pappkärtchen, auf die Sie einige Wörter des Grundwortschatzes geschrieben haben (natürlich sehr ordentlich und in Schreibschrift). Diktieren Sie nun zunächst maximal drei dieser Wörter, und lassen Sie das Kind selbst anhand der Karten überprüfen, ob es diese richtig geschrieben hat. Ist das der Fall, können Sie das Kind mit einem goldenen Punkt, einem Aufkleber o. ä. belohnen. Auf die Karte sollten Sie - oder das Kind - ein Kreuzchen machen; das bedeutet: Diese Wörter sitzen. War ein Wort falsch geschrieben, wird es dreimal auf einem Extra-Blatt geübt; mit Filzstift macht das wahrscheinlich mehr Spaß als mit Bleistift.

Hat das Kind erst mal begriffen, wie mit der Rechtschreibkartei umzugehen ist, können auch zwei Kinder in Partnerarbeit selbständig damit üben - und damit es nicht zu langweilig wird, kann den Rechtschreibkünstlern ein Eis oder was anderes Schönes zur Belohnung in Aussicht gestellt werden.

Rechtschreibememory
Hierzu werden 10 bis 20 Wortpaare in Schreibschrift auf Kärtchen geschrieben, gemischt und dann - wie beim Memoryspiel - nach dem Gedächtnis eingesammelt.

Wortlistentraining
Dieses nach Klassenstufen geordnete Programm basiert auf einem Grundwortschatz, den man ubungsblockweise beziehen kann. Die Blätter sind sehr ansprechend gestaltet, enthalten viele witzige Zusatzaufgaben und Spiele und machen Kindern wirklich Spaß. Für zu Hause eignen sich die Blöcke nur, wenn sie in der Schule nicht auch schon benutzt werden. Im übrigen können die Kinder, nach einer kurzen Einführung, völlig selbständig damit arbeiten, wenn sie einen Partner (Schulfreund/in) haben, der ihnen diktiert. Die Wortlisten sind zu beziehen

über: Verlag für Pädagogische Medien, Unnastr. 19, 20253 Hamburg, Tel. 040/4910218, Fax 040/4014711. Der Verlag *Schule konkret* Karl und Ursula Baumann, Kiebitzsteig 23, 14621 Schönwalde, Tel. und Fax 03322/209100, gibt umfangreiches praxiserprobtes Übungsmaterial heraus, das Sie ebenfalls als Kopiervorlage bestellen können.

Etwas aufschreiben

Daß Schreiben im täglichen Leben ein wichtiges Verständigungsmittel zwischen den Menschen ist, müssen Kinder selber erfahren. Ob der abwesende Vater der Tochter einen Brief schreibt, ob Oma den Wunschzettel für Weihnachten diesmal handgeschrieben von Paul haben will, ob Mama auf dem Küchentisch eine Nachricht hinterläßt oder Lena für Opa zum Geburtstag eine Geschichte erfindet und diese druckt oder ob Fritz einen Einkaufszettel anfertigt: all das sind Anlässe, bei denen zum Schreiben nicht künstlich »motiviert« werden muß. Es gibt sie in jeder Familie, unterschiedich stark und jeweils in einer bestirnmten Richtung ausgeprägt, sie brauchen nur genutzt zu werden. Mit folgenden Dingen kann man das Aufschreiben zusätzlich unterstützen:

Tagebuch

Ist besonders dann attraktiv, wenn die Eltern selbst ein Tagebuch über das Kind oder ihr eigenes Leben führen; wenn es gerade viele Konflikte gibt, die sich das Kind von der Seele schreiben muß; oder wenn so ein schönes Buch wie Christine Nöstlingers »Susis geheimes Tagebuch/Pauls geheimes Tagebuch« (Dachs-Verlag Wien) die Anregung dazu gibt.

Poesiealbum

Wird irgendwann in jeder Schulklasse »modern« und kann für Familien Anlaß seien, in Gedichtbänden zu schmökern. Anregungen in: Joachim Fuhrmann (Hg.), Poesiekiste, rororo Rotfuchs 20274.

Schreibmaschine
Eine Schreibmaschine - egal, ob eine billige vom Trödler oder gar eine an einen Computer angeschlossene - ist für Kinder äußerst attraktiv, wenn sie funktioniert.

Druckkasten (Stempel)
Für Erstkläßler attraktiv. Für längere Geschichten nur begrenzt einsetzbar, da sehr mühsam. Einen sehr schönen Stempelkasten gibt es von der Firma Schubi. Die Buchstaben lassen sich zu Wörtern zusammenstecken. Allerdings sehr teuer. Es lohnt sich, den Prospekt anzufordern: Schubi Lehrmittel GmbH, Zeppelinstr. 8, 78244 Gottmadingen, Tel. 07731/9723-0; Fax 07731/71629. Hoffentlich hat Ihr Kind in der Schule eine Handdruckerei. Sie kostet etwa 1000 DM und ist sicherlich das anregendste Mittel, Kinder zu einem schriftlichen Ausdruck, ja zum Erfinden von Geschichten und zum Dichten anzuregen. Nähere Informationen über Pädagogik-Kooperative, Verein bundesdeutscher Freinetpädagogen e.V., Goebenstr. 8, 28209 Bremen, Tel.: 0421/344929; Fax 0421/3478556.

Schreibwerkzeug
So banal es klingt, Kinder brauchen gutes, ja bestes Schreibwerkzeug. Deshalb sollten Sie ab und zu mit Ihrem Kind gemeinsam die Federtasche überprüfen: Leere Filzer, abgebrochene, zerknabberte Bleistifte sowie Füller, die ständig auslaufen oder schmieren, sind wirklich die sichersten Mittel, die Lust am Schreiben zu zerstören. Ein neuer Füller dagegen wirkt oft Wunder, besonders wenn Ihr Kind ihn selber aussuchen und ausprobieren darf.

Literatur zum Weiterlesen

Andresen, Ute: So dumm sind sie nicht. Von der Würde der Kinder in der Schule, Weinheim 1996

Biddulph, Steve: Jungen! Wie sie glücklich heranwachsen. Warum sie anders sind und wie sie zu ausgeglichenen, liebevollen und fähigen Männern werden. München 1999

Defersdorf, Roswitha: Ach, so geht das! Wie Eltern Lernstörungen begegnen können, 1999

Hentig, Hartmut von: Die Schule neu denken. Eine Übung in praktischer Vernunft, München 1994

Holt, John: Kinder lernen selbständig oder gar nicht(s), Weinheim 1999

Kahl, Reinhard: Lob des Fehlers, Video, Insgesamt vier Folgen, Verlag für Pädagogische Beiträge, Rothenbaumchaussee 11, 20148 Hamburg 1995

MacCracken, Mary: Charly, Eric und das ABC des Herzens. Außenseiter im Klassenzimmer, Frankfurt 1994

Postman, Neil: Keine Götter mehr. Das Ende der Erziehung, Berlin 1995

Preuschoff, Gisela: Schulprobleme. Was Eltern und Lehrer tun können, Köln 1997

Schulz von Thun, Friedemann, Miteinander reden 1+2, Reinbek 1999

Ders.: Miteinander reden 3, Reinbek 1998

Struck, Peter: Netzwerk Schule – Wie Kinder mit dem Computer das Lernen lernen, München 1998

Ders.: Erziehung von gestern, Schüler von heute, Schule von morgen, München 1997